Martin Orack

Klima oder Umwelt?

Unklare Ziele und falsche Wege

Herstellung und Verlag:

BoD – Books on Demand, Norderstedt

ISBN 9783750482012

Martin Orack

Klima oder Umwelt?

Unklare Ziele und falsche Wege

Gliederung

Bei Zahlen- oder Mengenangaben ist immer
Deutschland der Bezug,
wenn nichts anderes angegeben ist.

Vorwort

Ich möchte auf Zusammenhänge und Widersprüche hinweisen, einige Gedanken beitragen. Bei der kritischen Betrachtung ergeben sich viele Fragen, aber sehr wenig Antworten. Alles hier dargestellte beruht auf eigenen Überlegungen und Formulierungen auf der Grundlage allgemein zugänglicher Informationen und beruflicher Erfahrungen. Dies ist keine Datensammlung, sondern eine Sammlung von Gedanken und Fragen zum Thema.

Klima muss streng genommen als Unterbegriff zum Oberbegriff Umwelt betrachtet werden. Gemeint sind mit der Überschrift die Widersprüche im Umgang mit lokaler und globaler Umwelt. Klima steht hier als ein Synonym für globale Sicht und Umwelt für lokale Sicht (Schadstoffe). Bei der eigentlich richtigen Betrachtung des Klimas als Teil der Umwelt wird leider in der öffentlichen Diskussion meistens nicht sauber unterschieden, worum es jeweils geht. So wird immer wieder Vermeidung von Plastik im Zusammenhang mit Klimaschutzaktionen thematisiert. Das ist nicht richtig. Vermeidung von Schadstoffen oder Vermüllung ist in den meisten Fällen kontraproduktiv zur Klimarettung. Um da aufzurütteln heißt es im Titel eben auch nicht "Klima <u>und</u> Umwelt", sondern „<u>oder</u>".

Globaler Klimaschutz und lokaler Umweltschutz widersprechen sich oft, behindern sich. Sicher gäbe es Lösungen, Klima <u>und</u> Umwelt zu schonen, aber beim Klima haben wir keine Zeit mehr zu verlieren, es wird sich wohl oftmals nicht vermeiden lassen, für die Klimarettung zunächst einmal hier und dort eine nicht zu dramatische Verdreckung der Umwelt in Kauf zu nehmen. Wir müssen uns für Klima oder gegen Dreck entscheiden.

"Ökologie zuerst" ist eine leere Aussage, wenn die Widersprüche nicht genannt und beseitigt werden, sich keine Brücke zwischen den beiden Lagern globales Klima und Umweltschutz vor Ort findet. Eine Entweder-oder Entscheidung ist selten eine Lösung, es braucht ein sowohl-als-auch, also einen Kompromiss, der beides mindestens ermöglicht.

Die angesprochenen Themen greifen ineinander, widersprechen oder bedingen sich. Die Betrachtungsweise kann wechseln zwischen lokal und global oder beides kann auch mal nicht getrennt werden.

Den Rahmen bilden Mensch und Natur: wer, was, wann, wie?

Die versuchte Gliederung in Kapitel besteht eher aus einem Wechsel der Sichtweisen, grenzt diese aber nicht voneinander ab, denn alles greift vielfältig ineinander.

Schwerpunkt ist dabei die Betrachtung der Energiewandlung, woher, wofür?

Beim Thema Klima befassen wir uns vorrangig mit der Energiewandlung und Nutzung der folgenden Energiearten.

Wärme durch Sonne, Erde, Feuer
    für Heizung, Antrieb, Chemie
Bewegung durch Wind, Wasserfluss, Tide
    für Antrieb, Strom
Lage durch Regen, Staudamm
    für Strom
Elektrizität durch Wandlung
    für alles

Alle diese Energiearten entstehen direkt oder indirekt durch die Sonne, außer Geothermie und Kernenergie.

Letztere sind vielleicht klimaschonend aber umweltschädlich. Das Modewort klimaneutral ist im Grunde ein Un-
wort, weil immer unerreichbar. Ein Material, eine Energiewandlung oder ein Verhalten kann bestenfalls klimaschonend sein.

Energiewandlung ist der entscheidende Faktor für den
Klimawandel. Wenn wir uns dafür entscheiden, ihn zu
verhindern oder abzumildern, dann sind andere Umwelt-
betrachtungen in den meisten Fällen zweitrangig.
Das versuche ich hier an Beispielen aufzuzeigen. Dieses
Buch stellt also Fragen, zeigt Zusammenhänge auf, warnt
vor möglichen Folgen des Handelns, gibt aber eher keine,
oder keine abschließenden Antworten. Um Antworten zu
finden, müssten die Ziele klar definiert werden. Bei den
Zielen müssen wir uns klar entscheiden. Wenn wir die
Ziele haben, dann müssen wir nach Wegen suchen, sie zu
erreichen, und dann schmerzhafte Entscheidungen treffen.
Bei dieser Suche will diese Darstellung helfen.
Die Antworten muss jeder für sich selbst finden.

Diesel/eMobilität ist ein zentrales, besonders klares Beispiel für den Widerspruch zwischen Klima und Umwelt.
Der Diesel schont das Klima, schädigt aber die örtliche
Umwelt. eMobilität verringert die Schadstoffe in den Städten, verstärkt aber den Klimawandel. Ganz abgesehen von
der menschenverachtenden und umweltschädlichen Gewinnung der Grundstoffe und der Entsorgung der Systeme
in einigen Jahren.

Wer „Klima zuerst" ernst nimmt, wie Fridays for Future
fordert, der fährt Diesel, nicht eMobil. Es hilft alles nichts,
jeder einzelne muss sich zwischen Satan und Belzebub
entscheiden.

Wer sich gegen die globale Klimaschonung entscheidet, wird alle Menschen weltweit beeinträchtigen, wer sich gegen die örtliche Umweltschonung entscheidet, wird die Gesundheit der Menschen in Ballungsgebieten gefährden. Die NOx Diskussion ist deshalb ein sehr typisches Beispiel im Widerspruch Klima/Umwelt.

Die eMobilität wie die lokale Schadstoffminderung dürfen fröhlich unter dem Segel Klimaschutz mitsegeln in der öffentlichen Wahrnehmung und Diskussion, obwohl sie kontraproduktiv zur Klimarettung sind. Und außerhalb der Nutzungsphase ist die eMobilität dazu noch extrem dreckig, also umweltschädlich. Aber das scheint niemanden zu stören. Bei der Kernenergie haben wir ja auch noch immer kein Endlager, warum sollen wir uns dann um die spätere Entsorgung der eMobile sorgen.
Es ist möglicherweise nur eine Frage der Zeit bis für die Versorgung der eMobilität der Bau von Kernkraftwerken gefordert wird. Wenn man nur die Nutzungsphase betrachtet, schonen sie das Klima. Toll, da haben sich dann doch zwei gefunden, die sich hervorragend ergänzen?

Globales Klima und lokale Umwelt sind zwei Seiten einer Medaille. Wenn man die eine Seite betrachtet, verliert man die andere aus den Augen und bemerkt nicht, dass man viele Probleme im wahrsten Sinne einseitig betrachtet. Lösungswege zum jeweiligen Ziel stehen oft in Widerspruch zur anderen Seite. Manchmal hat man den Eindruck, damit soll von der Klimadiskussion abgelenkt werden nach dem Motto, wir tun doch was, obwohl ein ganz anderes Problem behandelt wird.

Widersprüche und Zielkonflikte

Eine Idee im Labor zur Klimarettung kann sich bei der Umsetzung als umweltschädlich herausstellen. Ein Beispiel ist die Kernenergie. Umgekehrt kann sich eine Idee im Labor zur Schadstoffvermeidung als klimaschädlich erweisen. Beispiel Papier statt Plastik.

Sowohl CO2 (Klima) als auch Schadstoffe (Umwelt) zu vermeiden ist nicht ohne weiteres zu vereinbaren. Es wird aber in der öffentlichen Diskussion meistens so getan, als würde damit jeweils das gleiche Ziel verfolgt. Im Grunde ist jeder Stoff ein Schadstoff, es kommt dabei auf die Menge und die Umgebung an. Um das zu bewerten, muss es nachvollziehbar begründete und belegte Grenzwerte geben, keine beliebigen.

Auch Stoffe, die wir zum Leben brauchen können in der falschen Menge schädlich sein. CO2 ist nicht an sich böse. Schon gar nicht kam mit den Pflanzen das Böse auf die Welt, wie kürzlich jemand meinte. Das CO2 kam zunächst aus dem Erdinneren (Vulkane). Pflanzen verbrauchen CO2 und erzeugen daraus Sauerstoff. Ohne Pflanzen gäbe es keinen Sauerstoff auf der Welt und kein tierisches Leben. Tiere schädigen das Klima, Pflanzen stabilisieren es. Also ohne CO2 gäbe es kein Leben auf der Erde. CO2 und Sauerstoff sind nur außerhalb gewisser Grenzwerte Schadstoffe, innerhalb der Grenzwerte im Gleichgewicht lebenserhaltend.

Mensch und Tier produzieren selbst NOx in ihrem Körper, es ist lebenswichtig. Die Körper können innerhalb bestimmter Grenzwerte gut damit umgeben. Insofern ist die NOx Diskussion ohne belastbare Grenzwerte nur hysterisch. Es ist Unsinn, wenn Schadstoffe wie NOx, Feinstaub, Mikroplastik unter der falschen Flagge "Klima" segeln, denn damit haben diese möglichen Schadstoffe nichts zu tun. Ihre Vermeidung kann sogar gerade klimaschädlich sein. So wird eben oft Klimaschutz gefordert, aber klimaschädlich gehandelt. Vielen Menschen sind die Unterschiede oder Widersprüche gar nicht ausreichend klar. Die Plastikvermüllung der Meere schädigt nicht das Klima, Papier würde verrotten, ist aber in der Herstellung schädlicher für das Klima.

Die Schadstofffreiheit der Städte verhindert nicht den Klimawandel, senkt aber gesundheitliche Belastungen. Feuerwerk vermeiden reduziert Feinstaub, rettet aber nicht das Klima.

Deshalb sollten die Themen Klima, Schadstoffe, Artenschutz möglichst unabhängig betrachtet werden, denn oft stehen sie sogar im Widerspruch. Plastikverbot, Endlager und/oder Recycling für Kernenergie, Windrotoren, Dämmung ist kein Weg zur Klimarettung, weil es oft nur scheinbar CO2 reduziert. Wegen der globalen katastrophalen Folgen des Klimawandels darf lokaler Umweltschutz nicht immer Vorrang haben.

Fast täglich wird in den Medien die falsche Formulierung verbreitet, eMobilität würde das Klima zu retten. Das ist Unsinn, es gibt keinen wirklich relevanten Unterschied zu Verbrennern beim Klima, der Unterschied liegt einzig in der Schadstofffreiheit bei der Nutzung vor Ort. Das Verbot der Verbrenner ist eine der unwirksamsten Forderungen, denn die Verbrennung regenerativer Treibstoffe ist die effektivste Methode gegen den Klimawandel.

Alles hat zwei Seiten. Holzfeuer ist nachhaltig, erzeugt aber Feinstaub. Tierschutz bei Windrädern, ob an Land die Fledermaus oder auf See die Seevögel, schadet dem Klima.

Windparks ändern auch das Klima ein wenig, mindestens das Wetter, weil sie der Luft viel Bewegungsenergie entziehen, was sich durch die große Fläche der Parks landeinwärts auswirken kann. Das spricht dann eher für kleinteilige, dezentral Nutzung. Windenergie offshore ist also schädlicher, aber effektiver als onshore. Soll man mit Verzicht auf Windräder einzelne Tiere retten, dafür aber zigtausende Tierarten durch Klimawandel vernichten, aber woanders?

Örtliche Widerstände verhindern Windräder und Netze, fördern aber Kohle. Es gibt ein Gefälle Nord-Süd in Zustimmung und Betroffenheit. Der Norden ist gut versorgt mit Windkraft, es gibt kaum Widerstand. Die einen opfern ihren Heimatort dem Braunkohleabbau, die anderen opfern die Windräder für den Erhalt ihrer Wohnumgebung. Beide Gruppen schaden dem Klima.

Es wird gejammert über 8000 Arbeitsplätze im Braunkohlenbergbau, aber wenig über die Vernichtung von Landschaft und ganzer Tierarten, um das Plattmachen ganzer Ortschaften und den Verlust damit verbundener Arbeitsplätze, oder um die zigtausend Arbeitsplätze, die in den letzten Jahren in der jungen Windenergie und Solartechnik schon wieder verloren gegangen sind. Die haben ja auch noch keine Tradition, da hat der Großvater ja noch nicht gearbeitet.

Großtechnische Erzeugung und Verteilung regenerativer Energie sind vielleicht entweder unnötig oder bereits unzureichend. Besser wäre dezentrale Erzeugung und eine Verteilung mit regenerativen Treibstoffen.

Die wenigsten interessiert die örtliche Umwelt im Kongo und anderen Ländern bei der Gewinnung von Lithium, Kobalt, Platin und Kupfer. Was ist mit der Entsorgung oder Wiederverwendung giftiger Bestandteile bei uns. Ist das Hoffen auf neue Materialien und Techniken realistisch oder Zeit schinden?

Bei der Kernfusion, dem Brüter, der Supraleitung dauert das Warten schon lange, gab es keinen wirklichen Durchbruch oder die Technik wurde aufgegeben. Wird es neuer Akkutechnik oder BioCaps (Kondensatoren als Akku-Nachfolger) ähnlich ergehen?

Neben Kollateralschäden bei technischen Lösungen gibt es auch oft Kollateralnutzen. Bei steigendem Meeresspiegel bekommt man die Elbvertiefung geschenkt.

Es gibt auch nur vermeintliche, umstrittene Kollateralnutzen im Bereich Geoengineering.

So gibt es immer mal wieder Stimmen, die einen Vorteil das Luftverkehrs beim Klima trotz hohem CO_2-Ausstoß behaupten, nämlich dass die Kondensstreifen wie Wolken die Sonneneinstrahlung behindern und damit den CO_2-Effekt bei der Erwärmung mehr als aufwiegen. Die Gegenmeinung besagt, dass Kondensstreifen wie Wolken die Lichtenergie überwiegend durchlassen, aber die Wärmeabstrahlung der Erde einschränken und damit zur Erwärmung beitragen. Es erinnert an die Frage, ob bei offener Kühlschranktür der Raum abkühlt, oder sich aufwärmt.

Zum Geoengineering gehören auch Aufforstung, Wand- und Dachbegrünungen. Soll man weltweit viele Bäume pflanzen gegen Vernichtung des Regenwaldes? Wald strahlt aber weniger Wärme ab als der Boden, bindet CO_2 und Wärme in Biomasse. Besonders viel CO_2 wird am Waldrand gespeichert, sinnvoll sind also viele kleine Wälder (Landwirtschaft), keine großen, zusammenhängenden Wälder. Es gibt ein Optimum an Wald je nach Gegend. Wald stabilisiert die Nachhaltigkeit bei CO_2. Die Walddichte und Form ist gut anpassbar an die Notwendigkeiten. Man sollte also nicht nur aus Prinzip einfach überall viele Bäume pflanzen, sondern auch das überlegt tun. Noch sind die bisherigen Aufforstungen unbedenklich, aber langfristig sollte das sorgfältig geplant werden. Aufforsten an sich ist nicht immer sinnvoll. Zum einen dauert es viel zu lange, bis ein Effekt eintritt, zum anderen führt zu viel Bewaldung durch andere Effekte zu mehr Erwärmung, es gibt ein Optimum. Alle erdenklichen Maßnahmen sind oft eine Gratwanderung, zu langsam oder sogar kontraproduktiv.

Der Auerhahn droht in Europa auszusterben, weil es wegen der starken Aufforstung zu wenig Lichtungen in den Wäldern gibt und damit der Auerhahn zu wenig Licht bekommt. Also sind Bäume vermeintlich gut für des Klima, aber nicht gut für den örtlichen Artenschutz. Nicht jedes grün ist wirklich grün. Zuviel kann eben bei allem schädlich sein. Man muss durch ein Ziel klären, wessen Schaden man wo in Kauf nimmt.

Bäume, grüne Städte kühlen zwar lokal durch Verdunstung, aber erhöhen die globale Temperatur durch geringere Abstrahlung, ein kurzfristiger Effekt zur Abkühlung durch reduziertes CO_2 ist eher unwahrscheinlich. Begrünte Häuser speichern weniger Wärme und strahlen weniger ab. Es wäre höchstens als langfristige Maßnahme zur Erhaltung eines Gleichgewichts nicht falsch.

Nicht nur die Treibhausgase, auch Feinstaub kann aufheizen, denn Gletscher werden dunkler, es gibt weniger Abstrahlung, dadurch Erwärmung statt Abkühlung.

Infolge des Klimawandels entstehen große Waldbrände, die auch zu globalem Feinstaub führen könnten. Vulkanausbrüche in Ostasien können Aschewolken über die Nordhalbkugel ausbreiten, große Waldbrände in Australien können gleiches auf der Südhalbkugel bewirken.

Gletscher werden eher durch Wüstenstaub und Vulkanausbrüche eingestaubt, weniger durch den örtlichen Feinstaub durch den Verkehr, daher ist im Zusammenhang mit der Beeinflussung durch den Menschen der menschengemachte Feinstaub eher ein Thema der örtlichen Umwelt als des globalen Klimawandels. Trockenheit und Gletscherschwund behindern die Binnenschifffahrt durch fallende Binnenwasserstände.

Bei Trockenheit müssen übrigens Kernkraftwerke wegen fehlendem Kühlwasser abgeschaltet werden.

Die Menschen müssen sich auf verträgliche Ziele einigen. Die Wahrheit oder das daraus abgeleitete einzige Ziel gibt es nicht.

Ist das Ziel eine saubere lokale Umwelt, wie sauber? Oder ein stabiles globales Klima, wie stabil? Und die Ziele dürfen nicht schwammig, sondern sie müssen sehr konkret sein.

Als in den 70er Jahren beteiligte Firmen zunächst die Entwicklung der Auto-Brennstoffzelle aufgaben, haben die beteiligten Fachleute als nächstes den Abgaskatalysator entwickelt, damit war dann die erste große Anti-Schadstoffaktion mit dem Katalysator um 1980 möglich. So war die Abkehr von der Brennstoffzelle doch nicht nur schlecht, es gab einen Kollateralnutzen. Es kommt immer auf das Ziel an. Damals gab es auch Überlegungen, Fahrzeuge mehr Luft einsaugen zu lassen als sie bräuchten und übers Abgas auszuleiten, damit würde der Kat auch die Abgase des Vorderfahrzeugs reduzieren. So würden heute AdBlue Fahrzeuge auch das NOx ihrer Vorfahrzeuge vernichten, also einige AdBlue Fahrzeuge könnten die Abgase vieler filtern. Auch das könnte die Abgasbelastung kollateral verringern. Immerhin wurden ja jetzt am Neckartor in Stuttgart stationäre NOx-Staubsauger installiert. Im Prinzip das gleiche.

Es waren viele Ideen schon einmal da. Natürlich treibt viele immer die Frage um, ob man sich geirrt hat oder ob man richtig entschieden hat. Manchmal braucht es nach Überflutungen schnelle politische Entscheidungen. Baut man einen Deich, vielleicht höher, dort wieder auf oder gibt man die Fläche auf? Baut man Gebäude genauso wieder auf, oder anders oder Umsiedlung? Baut man Kanalisierungen zurück, richtet man Polder ein?

Ist eMobilität eine Lösung oder Augenwischerei auf Grund falscher Annahmen, oder der Weg zu einem falschen Ziel? Ist es eine geeignete schnelle Lösung oder ein Mittel im Rahmen einer umfangreicheren langfristigen Lösung?

Wie viel Zeit haben wir? Für welches Ziel? Das Ziel, die Erderwärmung auf 1,5 bis 2 Grad zu beschränken ist nicht wirklich konkret, eher beliebig, wenn man weder Daten kennt noch Wege vereinbart. Der Wirkzusammenhang ist nicht klar. Wir wissen ja gar nicht, ob, wann und wie stark Kettenreaktionen über Meere, Gletscher oder Permafrostböden eintreten. Haben wir wirklich eine wirksame Stellschraube, die wir auf 2 Grad stellen können? Das ist eine Beliebigkeit wie bei den Schadstoffgrenzwerten. Das Ziel klingt harmlos und erreichbar, beruhigend, nur nichts überstürzen.

Aber eigentlich bleibt uns aus mangelndem Wissen nur eine Vollbremsung, wie bei einer plötzlichen Nebelwand, die zunächst nur ein leichter durchscheinender Schleier schien.

Gleichnis:
die Wasserleitung tropft und man weiß nicht wo der Abstellhahn ist. Statt das Loch abzudichten, vereinbaren die Familienmitglieder, dass nicht mehr als 1 l raus tropfen soll und sie ein entsprechendes Gefäß drunter stellen. Aber wenn mehr raus tropft oder das Loch größer wird?

Beim Klima haben wir keine Zeit mehr, da haben die Schüler von Fridays for Future sicher recht. Doch andererseits sind sie auch zu zaghaft, verlangen sie nur mindestens die eigentlich bereits unzureichenden internationalen Beschlüsse umzusetzen. Die Schüler von Fridays for Future verlangen zu recht, ohne Randbedingungen alles Gewohnte schnellstens in Frage zu stellen und zu ändern, um das Klima zu retten. Aber sie werden nicht verstanden!

Empörte Gegenstimmen meinen, die Schüler machten es sich zu einfach, wenn sie Eile anmahnen, sie würden nicht an die Arbeitsplätze denken. Es ist billig, die Schüler als ideenlos zu bezeichnen, weil sie keine Lösungen anböten. Sie verlangen doch nur, was in internationalen Verträgen längst vereinbart ist, dafür sollten doch Lösungen existieren, wie kann man sonst so etwas vereinbaren? Die Schüler fragen mit Recht, warum das Vereinbarte nicht umgesetzt wurde. Immerhin haben einige Schüler vorgeschlagen und durchgeführt, einen Tag in der Woche in der Schule keinen Strom zu verbrauchen. Allerdings kann man mit Powerbanks locker auf einen Tag Aufladen aus der Steckdose verzichten, das wäre dann eine unechte, sogar ineffiziente Einschränkung. Ähnlich wie "bei uns kommt der Strom aus der Steckdose".

Fridays for Future ist eigentlich tragisch, weil es vielleicht schon zu spät kommt. Manche Leute meinen, beim Klima sei durchwursteln vielleicht optimal? Aus dem Widerstreit ergibt sich auch die wichtige Frage, welchen Dreck erzeugt die Klimarettung inklusive Kernenergie eigentlich? Wollen wir das? Was ist uns wichtiger, Klimaschutz oder Umweltschutz, wenn wir nicht beides haben können?

Zu dem Dauerargument Arbeitsplätze ein Gleichnis: Wäre es sinnvoll, die Feuerwehr am Löschen eines brennenden Hauses zu hindern, weil Wasser dem Teppich schaden könnte? Sollen wir beim Löschwasser den Kollateralschaden hinnehmen und die Nutzung des Hauses für alle erhalten?

Beim Streit um Einwegbecher oder Mehrwegbecher müssen auch zusätzliche Kriterien wie Hygiene, Nutzen und Aufwand für Wasser und Energie bewertet werden. Hygiene ist auch wichtig bei unverpackten Lebensmitteln und in der Medizin.

Plastik nein, Hygiene egal? Das ist sicher zu einfach. Es müssen immer auch die Kollateralschäden betrachtet werden.

Neben dem Naturschutz stellt sich auch immer häufiger der Denkmalschutz gegen Effizienz oder neue Ziele. Auch da ist eine vergleichende Bewertung schwierig. Sollen wir bei Maßnahmen gegen Überflutungen den Denkmalschutz außer Kraft setzen oder ist er wichtiger?

Die meisten Hindernisse im Kampf gegen den Klimawandel sind nicht gegeben, sondern gewollt. Vorgeschobene Argumente sind oft: Arbeitsplätze, Umwelt, örtliche Proteste.

Dabei geht es oft nur um Gewinn oder persönliche Vorlieben.
Vorrang haben derzeit oft weltweite Kostenoptimierung, nicht eine Verteilungsoptimierung.

Weite Transporte sind im Vergleich nicht an sich klimaschädlich. Regionale Langzeitlager und Treibhäuser für Obst, Gemüse, Blumen sind auch energetisch aufwendig. Soll der Transport mit Flugzeugen, Schiffen, der Bahn oder LKWs erfolgen? Das Flugzeug ist nicht an sich schlecht, es kommt auf das Ziel an. Wenn jemand nach Neu Dehli muss, dann wäre es unvernünftig und klimaschädlich, mit dem Auto zu fahren. Die Fahrt mit dem Schiff wäre zu überlegen, ist aber zeitaufwändiger. Zeit ist nicht nur Geld, Zeitaufwand ist auch Energieaufwand, das kann klimaschädlich sein.

Äpfel, Bananen können nachreifen auf Schiffen, ein Kollateralnutzen.

Oder gar kein Lebensmitteltransport mit dem Flugzeug? Aber Verderbliches doch mit dem Flugzeug? Wie wichtig sind die verderblichen Waren für uns? Oder ist uns das egal, wollen wir Spargel aus Peru oder zu jeder Jahreszeit? Andere Ziele werden dann mit Füßen getreten.

Die "Errichtung von Windparks" ist eigentlich kein Ziel an sich, sondern bestenfalls ein möglicher Weg, das Klima zu retten. Diese Unterscheidung wird leider in der öffentlichen Diskussion oft nicht gemacht, es werden Wege wie Ziele behandelt.

Werden Windräder verweigert, um Fledermäuse oder Eidechsen zu retten, dann stellt sich die Frage: wird vielleicht weltweit die ganze Tierart durch den Klimawandel ausgerottet? Dann wäre die Rettung einzelner Tiere kontraproduktiv gewesen. Aber vielleicht aktiviert der persönliche Bezug zum einzelnen Tier eine Ausschüttung von Glücksbotenstoff beim Tierschützer. Die persönliche Zufriedenheit ist ein ständiger Begleiter der Umwelt- und Klimaprobleme.

Oft ist der Tierschutz auch nur ein Vorwand für die persönliche Abneigung gegen Windräder. Denn sonst wäre es besser für den Tierschutz und die Überlebenschancen unserer Nachkommen, ein paar Dutzend oder sogar ein paar hundert Tiere zu opfern, um das Klima zu retten. Wieder ein Ziel/Weg-Konflikt.

Ökobilanz

Ökologie bedeutet ursprünglich die biologische Lehre vom Haushalt der lebenden Welt im Umgang mit der unbelebten Welt. Und das völlig wertneutral. Wenn also eine Tierart ausstirbt oder eine Ressource zuende geht, dann ist das einfach nur eine Beobachtung/Feststellung im ursprünglichen Sinne der Ökologie. Im Laufe der letzten Jahrzehnte entwickelte sich dann die heute gebräuchliche Bedeutung im nicht mehr wertneutralen Sinne als nachhaltiges Wirtschaften mit Ressourcen aller Art. Der Begriff Ökologie ist zu einem Synonym für Nachhaltigkeit geworden.

Die Feststellung, dass am Ende des Geldes noch viel Monat übrig ist, ist eine wertneutrale Erkenntnis, das gilt ursprünglich auch für eine ökologische Aussage. Daraus folgt zunächst nichts.

Aber heute versteht man meistens die bewertende Betrachtung als Ökologie.

Für die Ökobilanz im engeren Sinne zum Umweltvergleich zweier Produkte gibt es die ISO Norm 14040 mit der Bezeichnung Lebenszyklusanalyse (engl LCA). Häufig wird die LCA nur durchgeführt auf Wunsch des Kunden, nicht um wirklich neue Erkenntnisse zu gewinnen. Es reicht den Beteiligten oft, wenn im Kleingedruckten steht, dass eine LCA gemacht wurde. Ausführung und Inhalte sind eigentlich egal, wie so oft bei der Erfüllung von Normen.

Bei einer Systemanalyse Stadt-Auto-Antriebe in den siebziger Jahren standen wegen Club of Rome die Schonung der begrenzten Ressourcen und die Umweltverschmutzung als Gesundheitsgefahr für die Menschen im Vordergrund (Smog, Abgase).

Klima und Naturschutz wurden dabei selten oder nebenher nur knapp betrachtet. Das Waldsterben durch sauren Regen wurde erst Jahre später ein Thema. Heute ist das Thema Waldsterben wegen der Trockenheit wieder aktuell. Bei den Batterien wurde noch von Blei-Akkus mit der Versorgung durch Kernenergie oder von Brennstoff-zellen ausgegangen. Es waren also andere Randbedingun-gen und Betrachtungsweisen als heute (Lithium und solar). Aber die Ergebnisse sind mit heute vergleichbar. Danach ist ein elektrischer Antrieb mit Akku nicht konkurrenzfähig mit einem Verbrenner. Nur der Schadstoff-Ausstoß ist vor Ort kleiner, aber dem stehen viele erhebliche Nachteile entgegen.

Mit GreenEngineering, nicht zu verwechseln mit GeoEn-gineering,
stellten sich die Fragen:

wann ist ein Produkt eigentlich grün?
welche Eingriffe in die Natur sind akzeptabel?
was ist verhältnismäßig?
was ist nachhaltig?

Was kann eine Ökobilanz zu den Antworten beitragen? Im ursprünglichen Sinn kann eine Ökobilanz erstellt wer-den mit dem Ziel Nachhaltigkeit, aber ebenso mit dem Ziel "Nachhaltigkeit egal". Zunächst ist eine Ökobilanz nur eine Datensammlung von der Wiege bis zur Bahre ei-nes Produktes oder eines Verhaltens oder eines Dienstes, beliebig schwierig bis unmöglich zu erstellen. Wie ver-gleicht, bewertet man von Kinderhänden aufgewühlte

Landschaften für die Gewinnung von Lithium, Kobalt, Platin mit sauberer Stahlindustrie, wie menschenwürdige Arbeitsbedingungen mit Nachhaltigkeit.
Oft muss man die Erstellung des Datenbaums abbrechen, weil es die Daten einfach nicht gibt.
Eine Ökobilanz ist wie ein Morast, je mehr man strampelt, desto tiefer versinkt man in den Daten.

Aber eine solche Stoffsammlung ist natürlich trotzdem sehr wertvoll, Voraussetzung für jeden Vergleich zweier Produkte oder Dienste. Aber es gibt den absoluten Vergleich und das wahre Ergebnis nicht. Oft herrscht die Idee, man setze kompetente Wissenschaftler zusammen, die eine Ökobilanz erstellen und dann ist klar, wie zu entscheiden ist. Also oben wissenschaftliche Wahrheit rein, unten kommt die richtige Lösung raus. Das ist aber grundsätzlich unmöglich. Zum einen gibt es die Wahrheit in der Wissenschaft nicht und oft nicht die Vergleichbarkeit, die man voraussetzt. Abgesehen davon ist die Ökobilanz kein Automat, den man mit Daten füttert, wenn man sie denn überhaupt hat, und der dann eine Entscheidung ausspuckt.

Man muss sich zunächst auf ein Ziel einigen. Sonst können die Daten nicht nach Kriterien gewichtet oder verbunden werden.
Ziele sind nicht wie selbstverständlich gegeben, man muss Ziele sauber definieren und dann auch wollen und überlegen, ob man die Kollateralschäden der Wege zum Ziel in Kauf nehmen will und für akzeptabel hält.
Ein Extrem für ein Ziel wäre die Frage "Wollen oder sollen wir den Menschen oder die Natur abschaffen, damit es aus der Natur keinen Eingriff mehr in die Natur gibt?"

Es müssen Bewertungen und Gewichtungen gemacht werden,
Man kann Ausschlusskriterien definieren, dann wird eine Größe nicht gewertet oder gewichtet, sondern schließt Lösungen aus, also neben besser oder schlechter noch die Kategorie "gar nicht".

Hier ist die Kernenergie ein Beispiel, wenn man sie ausschließt, weil man einen GAU nicht in Kauf nehmen will. Nimmt man ihn in Kauf, kann man einen Vergleich mit anderen Energieformen in einer Ökobilanz durchführen. Dabei ergibt sich die Frage, ob man annimmt, dass es einen GAU nicht geben wird, oder ob man versucht, Risiko und möglichen Schaden eines GAUs in der Ökobilanz zu bewerten und zu gewichten. Wie vergleicht man dann radioaktive Verseuchung ganzer Landstriche mit Abgasen in den Städten oder mit dem Umweltschaden durch die Lithium- und Kobaltgewinnung. Und nicht zu vergessen, überall auf der Welt ist es dann möglich, Atomwaffen zu bauen, wenn man ein Kernkraftwerk betreibt. Überall durch jeden Autokraten oder Terroristen. Es muss die Frage geklärt werden, ob die Vorteile oder die Nachteile der Wege die Lösungen dominieren sollen. Das Ergebnis einer Ökobilanz ist immer subjektiv, sollte aber nachvollziehbar sein.

Eine Aussage "Papier ist besser als Plastik" oder "eMobil ist besser als Verbrenner" ist nicht an sich richtig oder falsch.
Eine Vergleichbarkeit zwischen CO2 und Vermüllung der Meere oder zwischen CO2 und radioaktiver Katastrophe ist nicht möglich. Eine Ökobilanz für Antriebe oder Energiewandel betrachtet nicht den Plastikmüll im Meer, weil meistens nur CO2, Schadstoffe, Wasser und Energie, also

die Stoffumwandlungen, betrachtet werden, nicht der Verbleib am Ende des Lebenszyklus.Vergleichbarkeit ist in sehr vielen Fällen beliebig schwierig. Manchmal gibt es keine Lösung beim Problem der Gewichtung unvergleichbarer Kriterien. Mindestens sollten für eine Bewertung auch die Ziele festgelegt werden. Oft werden nur indirekte Ziele verwendet, z.B. Nachhaltigkeit in der Annahme eines Nutzens für Klima und/oder Umwelt.

Plastiktüten töten Tiere, Wale, aber auch andere Meeressäuger und Fische. Das zu verhindern wäre zunächst einmal Tierschutz, aber kein Schutz vor Schadstoffen oder Klimawandel. Und auf dem Weg gelangt Plastik auch nicht in die Nahrungskette.
Mikroplastik gelangt in die Nahrungskette - warum ist uns das unangenehm? Ist es schädlich?
Einatmen von Feinstaub, ob Sand, Lava, Asche, Ruß ist unvermeidlicher Teil des Lebens auf der Erde. Ist Mikroplastik gefährlicher? Alles wird mehr oder weniger gleich im Körper eingelagert oder ausgeschieden? Schadet irgendein eingelagerter Feinstaub irgendwo dem Körper nachhaltig?

Bei Plastik ist auch wichtig zu unterscheiden zwischen biologisch abbaubar und kompostierbar. Biologisch abbaubar heißt nur, dass Plastikgegenstände in der Natur im Laufe der Zeit zu Mikroplastik zerlegt werden und in die Nahrungskette gelangen. Kompostierbar bedeutet (unabhängig von der Zeitachse), dass diese Kunsstoffe in der Natur zerfallen in natürliche organische oder mineralische Bestandteile. Die öffentliche Wahrnehmung und Vermarktung der Begriffe ist meistens unscharf.

Ökobilanzen betrachten oft nur Standardressourcen, daher reine Mengenunterschiede und Kosten. Selten wird auch das Wo betrachtet. Und wie vergleicht man das? Es sollte immer bei CO2, anderen Schadstoffen, Wasser- und Energieverbrauch der gesamte Lebenszyklus betrachtet werden. Wann, was, wo und wofür bei Gewinnung, Herstellung und Entsorgung. Bei örtlicher Wirkung ist die jeweilige Phase im Lebenszyklus wichtig, bei globaler Wirkung ist das wann und wo zweitrangig.
Der CO2- und Schadstoffausstoß bei eMobilen bildet eine sogenannte Badewannenkurve, sauber bei der Nutzung, Umwelt/Klima schädlich bei der Herstellung und Entsorgung.

Unvergleichbares wird bei der Erstellung einer Ökobilanz notgedrungen irgendwie vergleichbar gemacht.
Notwendige Vergleichbarkeits-Annahmen können bei Unvergleichbarkeit zur Beliebigkeit führen. Wie vergleicht man die Landschaftszerstörung im Kongo mit den Schadstoffen im Stuttgarter Talkessel? Eher einfach ist es bei gleichartig global wirkenden CO2 und Methan – für diese und andere klimaschädliche Gase wird ein CO2-Äquivalent angegeben, dann können die Wirkungen addiert werden. Aber auch ein solches Äquivanent kann sinnlos sein, wenn Treibhausgase noch andere unterschiedlich schädliche Wirkungen haben oder sich anderweitig anders verhalten. Was und wie vergleicht man denn dann? Wie wertet und vergleicht man gesundheitliche Einflüsse in der Ökobilanz, gibt es sie überhaupt?

Beispiele für die Probleme einer Ökobilanz sind

Kernenergie gegen Kohlekraft,
NOx gegen Feinstaub,
Fotovoltaik gegen Windenergie,
Landschaftsverbrauch (Überflutungen, GAU) gegen Endlager
Ressourcengewinnung gegen saubere Luft,
Staudamm gegen Windenergie,
Flüchtlinge gegen Kinderarbeit,
Ökologische Belastung gegen Kosten,
Gesundheit gegen Klima,
Menschwürde gegen Schadstoffe,
Klimaflüchtlinge gegen Wasserarmut.

Wie berücksichtigt man Bauen mit Asbest, Formaldehyd, Kunststoff, Dämmstoff und den Umgang mit den Spätfolgen beim Abriss? Wie soll man Endlager für Sondermüll Jahrzehnte vorher in einer Ökobilanz berücksichtigen? Endlager waren bisher nur bei der Kernenergie ein Thema, plötzlich tauchen nicht radioktive Endlager bei dem Abriss der ersten Windräder auf.
Auch Endlager für Kernbrennstoffe bedeuten mehr als nur die Kosten, es ist eine Veränderung der Welt.
Wie lange muss man die Lager bewachen und nachrüsten? Kann das überhaupt sichergestellt werden?
Oder ist es uns egal, wenn in ein paar Generationen Landschaften verstrahlt werden, weil niemand mehr mit den Lagern umzugehen weiß oder ihre Lage oder Betreuung vergessen wurde durch irgendwelche Katastrophen.

Finden wir überhaupt geeignete Erdformationen oder bleibt alles an der Oberfläche? Wir wissen es noch nicht.

Das Problem Abraumhalden von Salzbergwerken wurde vor fast 200 Jahren gelöst durch Chemie/Kunstdünger. Das hatte wieder anderen Folgen. Hätte das heutige Wissen darüber eine Entscheidung zur Anlage oder zum Abbau der Halden und ihre Nutzung als Kunstdünger beeinflusst? Viele Probleme werden verdrängt in der unbegründeten Hoffnung, es würden sich Lösungen in der Zukunft finden. Wie geht man um mit Weltraumschrott, Vermüllung der Meere – ist eine spätere Entsorgung überhaupt möglich? Und zu welchem Preis und mit welchen Folgen?

Herstellung und Entsorgung werden oft unzureichend oder gar nicht betrachtet, allein schon wegen fehlender Ziele und Daten. Mögliche Katastrophen wie KKW-GAU, Überflutungen werden nicht bewertet, sondern einfach nicht betrachtet. Sie sind bestenfalls ein drohendes Hintergrundszenario, um überhaupt etwas in Politik und Gesellschaft zu bewegen. Bei Katastrophen reicht nicht die Bewertung der Kosten, wenn man sie überhaupt einschätzen kann, sondern auch der ideelle oder gesellschaftliche Wert. Wie will man überhaupt ein Risiko, wodurch für wen, bewerten?

Eine Ökobilanz liefert vielleicht neue Argumente für die unterschiedlichen Meinungslager, aber kaum eine Befriedung des Streits, beim Vergleich und der Bewertung der möglichen Wege zum Ziel. Oft wird nicht klar unterschieden zwischen Zielen und Wegen, es werden Annahmen, Unterstellungen gemacht, Vorlieben eingebracht, nicht sauber getrennt zwischen politischem Wunsch und technischer Machbarkeit. Ganz wesentlich spielen bei Ökobilanzen auch die Maßeinheiten eine Rolle.

Wenn bei einem Verbrenner Kohlenwasserstoffe zum Auspuff raustropfen statt zu verbrennen, dann erzeugt er pro Liter verbrauchtem Treibstoff weniger CO_2 als einer, der alles verbrennt. Bei der Maßeinheit CO_2 g/l Treibstoff könnte der tropfende also positiv bewertet werden. Welch ein Unsinn.

Sinnvoller wäre dann schon CO_2 g/km. Noch sinnvoller wäre die Bewertung unter Berücksichtigung der zugeladenen Masse, also der Transportleistung, mit der Maßeinheit g CO_2 pro km pro Tonne Zuladung.

Dann sind schwere Euro6-Diesel schlechter als kleine, leichte Euro4-Diesel. Und Benziner sind auch dreckig und sogar besonders klimaschädlich, weil sie nach dieser Maßeinheit mehr CO_2 produzieren als Diesel.

Für die Luftschadstoff-Grenzwerte müssten eher die Flotten als das Einzelfahrzeug betrachtet werden. Denn für die Luftqualität in der Fläche ist unerheblich, was beim einzelnen hinten raus kommt, die Gesamtmenge zählt. Und zwar in Mikrogramm/Kubikmeter Umgebungsluft. Da können eine Million Euro6-Diesel deutlich mehr Dreck als 100.000 Euro4-Diesel verursachen. Die jetzigen Fahrverbote sind also unerheblich für das Ergebnis. Dabei ist auch die Flottenbewertung pro Hersteller falsch, richtig wären Zulassungen pro Region, egal von welchem Hersteller.

In der Grenzwertdiskussion tauchte irgendwann auch das Beispiel auf, dass eine Kerze 480 µg NOx erzeugen würde, das sei doch viel gefährlicher als der Grenzwert 40 µg/m3 im Straßenverkehr. Ein völlig untauglicher Versuch, den Straßengrenzwert in Frage zu stellen. Denn hier werden die Maßeinheiten nicht beachtet, µg mit µg/m3 gleich gesetzt. Die Kerze gibt insgesamt bei der Verbrennung 480 µg NOx absolut ab. Wenn der Raum eine Fläche von 20 qm und eine Höhe von 2,5 m hat, dann verteilt sich das NOx auf ein Volumen von 50 m3, beträgt in der Grenzwertbetrachtung also unter 10 µg/m3 NOx. Ganz abgesehen davon, dass das Abbrennen einen längeren Zeitraum umfasst, verbunden auch mit Luftaustausch. Der Betrug mit den Maßeinheiten ist typische Fake-News und nicht sehr hilfreich für eine sachliche Auseinandersetzung.

Ist Gebäudedämmung sinnvoll, insbesondere wenn das Material später als Sondermüll entsorgt werden muss? Wieviel CO2 entsteht bei Herstellung und Entsorgung? Dabei spielen die Formen der Entsorgung eine große Rolle wie Wiederverwendung durch C2C (Cradle to Cradle) oder Recycling, Vernichtung wie Verbrennen, Lagerung in Deponie oder Endlager, teilweise mit Bewachung oder Betreuung.

Kollateralschäden bei Dämmung sind außer der Entsorgung auch steigende Mieten. Dämmung war ein sinnvoller Weg wegen abnehmenden Vorräten an fossilen Heizstoffen mit dem Ziel, fossile Ressourcen zu sparen. Aber mit der Nutzung der Sonnenenergie besteht in Zukunft ein Überfluss an Energie. Letztlich ist es egal, ob die Sonnenenergie die Oberfläche direkt erreicht oder indirekt über die Gebäudeabstrahlung. Wozu dann bei der Klimatisierung der Wohnung mit hohem Aufwand Energie einsparen?

Wäre es nicht besser, Kollateralschäden lieber zu vermeiden? Für eine kurzfristige Wirkung gegen den Klimawandel ist eine Förderung und Beschleunigung der Dämmung kontraproduktiv, denn bei der Produktion der Materialien wird kurzfristig wesentlich mehr CO2 erzeugt als im gleichen Zeitraum eingespart wird. Von Recycling- und Entsorgungsproblemen mal ganz abgesehen.

Die CO2-Einsparung durch Energiesenkung wird möglicherweise rein rechnerisch erst eintreten, wenn wir sowieso schon genügend regenerative Energie haben und sowieso kein CO2 mehr ausstoßen. Eine umfassende Umstellung auf regenerative Energie könnte uns den ganzen Aufwand, die ganze Problematik der Gebäudedämmung also ersparen. Direkte Verwendung der Sonnenenergie ist billiger und sauberer als Gebäudedämmung. Auch hier wird der falsche Weg zum Ziel verfolgt. Hier ist der Weg zum Ziel zu einem Selbstläufer geworden, obwohl das Ziel sich geändert hat.

Es ist außerdem nur eine Notlösung, den Gebäuden einen Mantel anzuziehen, sinnvoller wäre es, der Bautechnik die Zeit zu geben, ganz neue Arten des Gebäudebaus mit neuen Materialien zu entwickeln.

Gegen den Klimawandel ist es vorrangig, mit aller Kraft die Gewinnung, Speicherung und Verteilung regenerativer Energie jeder Art voranzutreiben. Es reicht nicht, Windräder und Solaranlagen aufzustellen, es müssen auch dringend Speicherung und Transport realisiert werden.

Der Verbraucherseite Mobilität, Heizung und Produktion sollte man Zeit lassen und ihren Energieverbrauch ohne Zeitdruck auf regenerative Energie umstellen, ohne zwanghaft und übereilt die bisher verwendeten Techniken zu verbannen. Es macht keinen Sinn gegen Schadstoffe wie NOx zu kämpfen und gleichzeitig die Umweltschäden durch entsorgte Dämmung und Lithium-Akkus hinzunehmen. Ein eiliger Umstieg auf eMobilität ist genauso kontraproduktiv wie Gebäudedämmung bezüglich der schnellen Wirkung gegen den Klimawandel.

Das Klimatisieren mit Wärmepumpen reicht nur für Niedrigenergiehäuser, deren Bau aber aufwändig ist und auch elektrische Energie zum Betrieb braucht.

Macht nicht eigentlich das umfangreiche Unwissen eine Ökobilanz unmöglich oder sogar sinnlos? Aber wir haben nichts anderes, um eine Entscheidung zu untermauern. Eine Ökobilanz kann zu grandiosen Fehlentscheidungen führen, aber sie kann im sowohl-als-auch sehr hilfreich sein und Kollateralschäden verringern. Das wichtigste aber ist, ein Ziel zu definieren, sonst ist eine Ökobilanz unmöglich bis sinnlos. Und wenn das Ziel sich ändert, muss die Ökobilanz neu gemacht werden.

Ressourcen und Zeitachse

Gleichnisse zur Zeitskala des Klimawandels im Hinblick
auf die fatalistische Haltung, es werde schon nicht so
schlimm werden.

Sturz aus dem 20.Stock:
Aussage auf Höhe des 1. Stocks
"es ist doch bisher gut gegangen"

Vollbremsung hinter Stau:
Aussage kurz vorm Aufprall
"mir geht es immer noch gut"

Watt-Wanderung an der Nordsee,
„da kann doch nichts passieren,
es ist keine Gefahr zu bemerken",
aber nach einer Stunde ist man ertrunken.

Um 1870 gab es die Prognose, dass beim weiteren Zuwachs
von Pferdekutschen Londons Straßen in den 1920er Jahren
meterdick   mit   Pferdemist   bedeckt   sein   werden.
Bei gleicher Leistung sind Pferdekutschen klimaschädlicher
als regenerativ angetriebene Fahrzeuge. Nahe an der Natur
ist eben nicht immer das Optimum, es kommt auf das Ziel
an. Neben Ineffizienz spricht auch noch das Entsorgungs-
problem   von   Pferdemist   und   Gülle   dagegen.
Aber dann kam das Automobil und alles war gut, das Problem war gelöst durch neue Technik. Zunächst trat das
eMobil einen Siegeszug an, bevorzugt in den USA, 90%
der Fahrzeuge wurden elektrisch angetrieben. Aber dann
wurden die schon wieder rasend schnell von den Autos mit
Verbrennungsmotor abgelöst, eigentlich auch schon vor 100

Jahren wegen der gleichen Nachteile und Vorteile wie sie heute den Siegeszug der eMobile bremsen. Das Auto mit Verbrennungsmotor hatte erhebliche Vorteile gegenüber der Kutsche, gerade für den Besitzer. Das ist beim eMobil nicht so, das hat eher Nachteile gegenüber Verbrennern. Für den Besitzer stehen Kutsche und eMobil eher auf einer gleichen, niedrigen Stufe, der Verbrenner ist unerreichbar. eMobilität scheint ein Irrweg.

Mindestens 50% der Autos, die 2030 auf unseren Straßen fahren werden, tun es jetzt schon. Wahrscheinlich werden es noch mehr sein, weil die Menschen in Zukunft länger warten mit dem Neukauf oder gar kein Auto mehr kaufen. Es werden nicht umfassend die Verbrenner durch eAutos ersetzt und alles bleibt ansonsten wie es ist, sondern die Menschen werden die Art ihrer Mobilität ändern. Die vielen alten Autos brauchen regenerativen Treibstoff, sonst wird es nichts mit dem Klimaschutz. Allein deshalb ist es falsch, das Thema regenerative Treibstoffe zu verdrängen.

Gegen den Kunden/Verbraucher zum Vorteil der Allgemeinheit ist schwer etwas durchzusetzen. und warum soll jemand zum Nutzen der Allgemeinheit mit Verlust investieren, auch Investoren investieren nur für persönlichen Gewinn, nicht für andere Ziele. Heute erleben wir anscheinend ein böses Erwachen, weil der Verbrenner vor 100 Jahren gewonnen hat, auch gegen den parallelen Ausbau der Eisenbahn, des ÖPNV. Der Bau der Londoner Underground hat London nicht vor Autos bewahrt. Diesmal können wir alles anders machen, zum Beispiel mit sowohl-als-auch Lösungen. Heute steht mit der Klimarettung auch ein anderes Ziel, ein anderer Vorteil zur Debatte, denn das Klima trifft alle, jeden Einzelnen von uns.

Es ist eigentlich nie sinnvoll, bei Lösungen oder Wegen über besser oder schlechter zu streiten. In den meisten Fällen ist es zunächst einmal nur anders, es wird sich das Verhalten der Menschen anpassen, der Übergang ist nie abrupt, sondern gleitend. Technische Entwicklungen brauchen Zeit, sie lassen sich nicht kurzfristig anordnen.

Wenn wir der Entwicklung technischer Lösung freien Lauf ließen mit dem Ziel, nur noch regenerative Energiewandlung zuzulassen, hätten wir durch eine völlig andere Lebensweise weltweit einen Kollateralnutzen, Klima- und Schadstoffprobleme würden sich erledigen wie damals das Kutschenproblem.

Dem stehen aber die großen Leistungsengpässe im Schienenverkehr gegenüber. Ein Ausbau erfolgt wahrscheinlich zu langsam und wie wird er finanziert?

Der rasch steigende Bedarf an elektrischer Energie kommt dazu. Die Simulation des Ist-Zustands führt bei Prognosen oft zu falschen Ergebnissen. Sollte man bei der Bewertung also besser nicht den Ist-Zustand annehmen, sondern gleich einen Wunschzustand bewerten? Beim Zielzustand muss dann auch überlegt werden, wo und wofür und in welcher Größenordnung Transporte mit Schiff, Flugzeug, Bahn oder Kraftfahrzeug erfolgen sollen. Welche Antriebstechnik nimmt man an? Auch ganz andere Siedlungsstrukturen sind denkbar. Ohne Annahmen über den Zielzustand ist ein Vergleich oder eine Bewertung sinnlos bis unmöglich.

Man könnte grundsätzlich festlegen, dass in Zukunft die einzige Energiequelle die Sonne sein soll und dann nur noch die Umsetzung betrachten. Dagegen spricht gar nichts, dafür alles.

Die Zeitachse macht auch deutlich, dass man parallel zur Umsetzung einer Entscheidung eine Ökobilanz ständig wiederholen muss, weil sich die Randbedingungen ändern, also auch Dinge ändern, die wir gar nicht ändern wollten. Es kann beim Klimawandel zu Rückkopplungen oder Kettenreaktionen kommen durch die Meere, Gletscher oder Permafrostböden.

Abgesehen eben davon, dass sich sowieso vieles ständig ändert, auch wenn wir es nicht wollen, kann man umgekehrt auch nicht aktiv alles ändern, ohne etwas zu ändern.

Wie steht es um die oft beschworene Kernenergie? Der Energieaufwand für Bau, Betrieb und Entsorgung der KKWs ist wahrscheinlich höher als die jemals durch sie erzeugte Energie, aber beides ist auf der Zeitachse unterschiedlich verteilt. Und Energie und Kosten für die Endlager wird meistens überhaupt nicht betrachtet. Würde man jetzt beginnen, wieder in großer Zahl KKWs zu bauen, könnten sie wegen der Dauer der Bauzeit kaum noch den Klimawandel verhindern. Dieser falsche Weg käme also auch zu spät. Neben den Problemen GAU und Endlager, für die niemand eine Lösung hat, gilt es auch noch zu beachten, dass Atomwaffen durch jeden überall auf der Welt hergestellt werden können, wenn es ein Kernkraftwerk in seinem Einzugsbereich gibt. Das ist eine möglicherweise noch größere Gefahr als das GAU-Risiko.

Wir sind hier beim Thema Zeitachse. Wie will man eigentlich sicherstellen, dass Endlager Jahrtausende lang betreut und bewacht werden? Vor den Pyramiden stehen schon lange keine Wächter mehr.

Auch die Kernfusion macht eigentlich keinen Sinn. Warum sollten wir auf der Erde eine Sonne zünden, wir haben doch eine am Himmel, die dauerhaft mehr Energie liefert als wir verbrauchen. Anders wäre es, wenn wir erwarten oder wissen würden, dass die Erdoberfläche durch Atomkatastrophen oder Asteroiden unheilbar unbewohnbar wird und die Menschen sich mit Hab und Gut unter der Erdoberfläche ansiedeln müssten. Dann könnten wir vielleicht eine unterirdische Sonne gebrauchen. Aber sollten wir sie wirklich mit hohem Aufwand vorsorglich entwickeln? Bei den Fusionen im Labor ist derzeit der Energieaufwand für die Zündung noch zigfach höher als die erzeugte Energie. Da müssen Risiken, Kosten und Nutzen eingeschätzt werden. Was ist also das Ziel und kann es mit weniger Nachteilen auch anders erreicht werden?

Schon vor der Inbetriebnahme eines Kernkraftwerkes in Deutschland war ich Gegner der Kernenergie. Tschernobyl und Fukushima schienen uns Gegnern recht zu geben. Aber sind ein GAU und Endlager wirklich so schlimm, vernichtet ein Kernenergie-GAU nicht doch nur relativ kleine Gebiete, der Klimawandel aber macht vielleicht die ganze Erde unbewohnbar? Oder vermüllen und vernichten wir nicht Meere und Landschaften viel gravierender mit dem Kampf gegen den Klimawandel als mit Kernenergie?

Nicht nur emotional, sondern ich meine auch gut begründet bin ich weiter ein Gegner der Kernenergie. Wie vergleicht man CO_2-Ausstoß mit GAU und Endlager? Schier unmöglich. Aber CO_2 können wir beeinflussen, GAU und Endlager sind wir ausgeliefert.

Mit der Eisschmelze an den Polen nimmt die Rückstrahlfläche ab und in den letzten 50 Jahren ist der Meeresspiegel um 1,5 cm gestiegen, derzeit um 0,5-1 cm pro Jahr. Linear extrapoliert klingt das nicht so bedrohlich? 50 cm in 10 Jahren wäre doch vielleicht beherrschbar. Aber in den letzten drei Jahren hat sich der Anstieg jährlich verdoppelt! Falls damit extrapoliert wird, dann wird der Meeresspiegel in den nächsten 10 Jahren um mehr als 6 m ansteigen.

Wenn wir auf der sicheren Seite stehen wollen, dann müssten wir nicht nur schnellstens den Klimawandel stoppen, sondern trotzdem auch Vorbereitungen treffen, um auf die weltweiten Überflutungen, besonders auch bei uns in den Küstenregionen, vorbereitet zu sein. Die Prognose ist genauso unscharf wie beim Temperaturanstieg. Eine fatalistische Betrachtung stellt fest, die Eismenge ist doch begrenzt, dann ist Schluss!

Sehr beruhigend!!

Die Meere erwärmen sich derzeit offenbar schneller als die Atmosphäre und das Land. Wir haben kaum Vorstellungen von den Auswirkungen für derartige Veränderungen.

Dazu zwei Betrachtungen. Das Meer würde schneller wärmer als die Atmosphäre und CO_2 verdampft dann aus dem Meer, der CO_2-Gehalt der Luft wird erhöht, also Verstärkung des Klimawandels.

CO_2-Gehalt der Luft erhöhe sich, Dampfdruck des CO_2 in der Luft wird dadurch erhöht und CO_2 bleibt im Meer, also Verminderung des Klimawandels.

Welcher Effekt ist größer?

Eine Veränderung des Golfstroms hat Auswirkungen auf Europa – das wäre nicht Wetter, sondern Klima. Nur in Europa gäbe es dann bei dieser vom Klimawandel verursachten Veränderung eine Gegenbewegung, es wäre kühler als vor der Industrialisierung, wir hätten mehr Regen

und Schnee, während sich die restliche Erde weiter auf-
heizt. Nach Jahren oder Jahrzehnten würden aber auch die
Verhältnisse in Europa mehr oder weniger schnell in den
erdweiten Klima-Mainstream zurückkippen.

Gleichnis:
Wir legen einen Block Eis in die Sonne. In seiner Umgebung würde die Temperatur von der durchschnittlichen auf
0 Grad fallen und so bleiben, bis der Block total geschmolzen ist, unabhängig von der Umgebungstemperatur.
Von der hängt nur die Dauer des Prozesses ab. Sobald der
Block geschmolzen ist, wärmt sich dieser Platz dann sehr
schnell auf bis die hohe Umgebungstemperatur erreicht ist.

Die Schwankungen im CO_2-Gehalt der Atmosphäre be-
wegten sich von Eiszeiten zu Warmzeiten zwischen
130ppm und 180 ppm. In allen Warmzeiten lag der Wert
also unter 200 ppm. Derzeit liegt der Wert auf über
400ppm. Einen so hohen Wert gab es zuletzt vor zig Millionen Jahren. Das kann doch nicht abgetan werden mit
"Schwankungen gab es schon immer, Warm- und Kaltzei-
ten". Denn für eine derart starke Wertänderung haben wir
keine Vergleiche, keine Erfahrung.

Das Thema Überflutungen ist keineswegs nur ein Rand-
problem. Es geht nicht „nur" um flache Inseln, sondern
auch um Küstengebiete, um große Städte in der Nähe von
Flussmündungen.
Durch Anstieg des Meeresspiegels wird die Elbe vertieft
durch höheren Wasserstand, das beendet den Streit um das
Ausbaggern der Fahrrinne. Es gäbe den Kollateralnutzen
Elbvertiefung! Aber zu welchem Preis?

Bei dem derzeitigen eher trägen Wechsel zur regenerativen Energiewandlung wird allgemein nur der Ersatz der
bisherigen Lösungen verfolgt und diskutiert.

Die in den letzten Jahren gebaute Anzahl von Windrädern
an Land ist beängstigend niedrig. Der Zuwachs an Windrädern an Land liegt derzeit nur bei unter einem Prozent
pro Jahr, ihre Zahl wird sich also erst in 100 Jahren bestenfalls verdoppeln! Sehr wahrscheinlich brauchen wir
aber in absehbarer Zeit sogar die mehrfache Menge elektrischer Energie.

Neue regenerative Lösungen bringen neue Möglichkeiten
und sind schnellstens notwendig, nicht nur ersetzend, sondern um den weltweit zunehmenden Energiehunger überhaupt zu stillen.

Mit einer Speicherlösung für regenerative Energie wäre
auch die ewige Grundlastdiskussion zugunsten dauerlau-
fender Kraftwerke jeder Art endlich einmal beendet.

Die kritische Frage, woher denn der Strom für die
eMobilität kommt. ist bisher nicht wirklich beantwortet
und da gibt es noch viele weitere Bedarfe an elektrischer
Energie wie

die fortschreitende Automatisierung,
die autonomen Systeme,
die KI,
die mobilen Geräte,
das Internet mit
Datenspeicherung,
Datensuche,
online-Handel,
blockchains füt Bitcoins und anderes,
sicherere Passwörter,
neue Computeranwendungen,
zunehmender ÖNV,
Quantencomputer.

Übrigens muss man ein eMobil elektrisch heizen im Winter, die Wärme ist kein Abfall einer Verbrennung mehr und ein Akku ist zusätzlich stärker temperaturabhängig. Es geht dabei nicht nur um Komfort für die Insassen, sondern die Akkus brauchen ständig eine gewisse nicht zu niedrige Temperatur, leeren sich sonst schneller als entsprechend der Selbstentladung bei herumliegenden Batterien. Es müssen ganz andere Bedingungen erfüllt werden, es gibt mehr Abhängigkeiten beim Benutzen, Abstellen, Energiespeicherung, Ladezeit und Lebensdauer.

Etwa 1000 mögliche Ladezyklen werden für eMobil-Akkus angegeben, das wären etwa 3 Jahre Nutzung bei einer Ladung pro Tag. Ich habe in öffentlichen Diskussionen bisher wenig gehört über die Kosten und Probleme dieses Austausches alle 3 Jahre.

Da ist sie wieder, die Zeitachse. Was ist mit Ressourcen, Kosten, Entsorgung? Gibt es überhaupt ausreichend Rohstoffe? Da gibt es ja bereits für die Erstausstattung Zweifel. Neben den neuverwendeten Stoffen Lithium und Kobalt wird auch Kupfer knapp werden. Wenn deshalb dann doch die Rohstoff-Ernte in der Tiefsee kommt, wird das eine Umweltkatastrophe ungeheurer Ausmaße auslösen. Über solche Zusammenhänge sollte man nachdenken, bevor man für eine grenzenlose Anwendung der eMobilität eintritt. Bei einem überschwänglichen Einstieg ohne Not wird nicht vom Ende her gedacht. Wir sollten den Fehler der Kernenergie bei anderen Themen vermeiden. Diese Betrachtung wird in der Öffentlichkeit noch totgeschwiegen.

Ein eMobil ist also in einer Vielzahl von Bedingungen und im Verhalten nicht mit einem Verbrennungsmotor zu vergleichen. Beim Abstellen geht Energie ungenutzt verloren.

Manchmal werden Wasserstoff und Brennstoffzelle in der Diskussion erwähnt, aber das ist bestenfalls eine langfristige Lösung. Woher kommt der Wasserstoff (H2)? Wasserstoffnutzung ist eine sehr ineffektiver Energiewandlung, man muss H2 erst erzeugen, weil es ihn nicht auf der Erde ungebunden gibt. Für die Erzeugung und Speicherung muss man aber sehr viel mehr Energie aufwenden als später genutzt werden kann.

Vorteile gegenüber Akkus sind die einfachere Verteilung, kürzere Aufladung vor Ort. Es gibt auch keine Abgase oder Feinstaub, allerdings nur bei reinem H2. Nachteil wäre, dass H2 ein sehr spezielles Gas mit besonderen physikalischen Eigenschaften ist, das bei Herstellung, Lagerung, Transport und Verbrauch hohen Aufwand und Sicherheitsmaßnahmen erfordert.

Neue Speichertechnik ist notwendig, ein Tankleck wäre sonst ein ganz besonderes Problem, weil H2 das einzige Gas ist, das sich bei Ausdehnung nicht abkühlt, sondern stark erhitzt, also selbst zündet (Knallgas). Wasserstofftanks brauchen teilweise Kühlung.

Brennstoffzellen brauchen auch eine dauerhaft stabile hohe Temperatur, sie verbrauchen also selbst Energie aus ihrem Energispeicher. Bei Methan als Betriebsstoff entsteht nicht nur Wasser, sondern auch C (Feinstaub) oder CO2.

Autos mit Verbrennungsmotor können in einem Außen-Temperaturbereich zwischen -40 und +50 Grad problemlos abgestellt werden, der Energievorrat bleibt während des Abstellens erhalten. Vom Versulzen des Diesels mal abgesehen, was man inzwischen mit Heizen der Treibstoffzuführung im Griff hat.

Bei eMobilen wird während des Abstellens Energie verbraucht, um Schäden zu verhindern und den Wiederstart zu ermöglichen. Bei Akkubetrieb ist eigentlich ein ständiger Wechsel zwischen fahren und laden notwendig. Man stelle sich vor, man hätte bisher beim Parken seines Verbrenners immer einen Tankschlauch anschließen müssen, damit das Auto später noch Energievorrat hat. Also die Ladestationen in Parkhäusern sind nicht nur nett, sondern notwendig. Klimaanlagen sind nicht nur eine nette Option für den Fahrer, sondern für den Betrieb unabdingbar. Der Energieverbrauch während der Ruhephasen wird meistens überhaupt nicht erwähnt.

Da gibt es noch die Idee des Solarautos, bei dem das Dach mit Solarzellen bedeckt ist, die die Entladungseffekte ausgleichen sollen, die es also unnötig machen, beim Parken zu tanken und das soll auch die Reichweite erhöhen. Nach Unfällen könne man die Module leicht austauschen. Diese Aussage verdrängt allerdings die Tatsache, dass die zerstörten Module aufwendig entsorgt werden müssen.

Carsharing in der Stadt ist genau die richtige Nische für eMobile. Denn eMobile sind örtlich schadstoffarme Autos für die Stadt. Nicht mehr und nicht weniger.

Ein Faktor 10 bei der Nachfrage nach elektrischen Energie bedeutet, dass die 40% Kohle- und Kernkraft dann nur noch 4 % der Gesamtenergie stellen, aber dieser Anteil absolut weiterhin die gleiche Klimabelastung darstellt. Es darf eben nicht passieren, dass bei zunehmender regenerativer Energiewandlung nur dieser Zuwachs gewertet wird, es muss auch immer die notwendige absolute Abnahme der nicht regenerativen (fossilen) Energiewandlung betrachtet werden. Die Zunahme regenerativer Energie allein ist nicht klimafreundlich, nur die absolute Abnahme fossiler Energie ist positiv zu bewerten. Deshalb ist ein schneller Kohleausstieg innerhalb von 10 Jahren nicht nur anzustreben, sondern auch unerheblich bei der Versorgungssicherheit.

Es geht bei der Energieversorgung aber nicht nur um Ersatz der bisherigen Energieformen, sondern auch um den zusätzlichen Bedarf unter der Nebenbedingung, dass uns in einigen Jahrzehnten oder Jahrhunderten sowieso nur noch die Sonne zur Verfügung steht, wegen Ende der fossilen Brennstoffe und auch Ende des Urans. Dann können und sollten wir getrost zur Rettung des Klimas jetzt schon mit der Umstellung beginnen. Langfristig brauchen wir die Sonnenenergie als einzige Quelle und sollten damit möglichst früh beginnen. Das Bauen von Kern- oder Kohlekraftwerken dauert zu lange, von den Ressourcen mal abgesehen, und wollen wir das überhaupt? Eine solche Entwicklung könnte das freiwillige Abschalten von Kraftwerken beschleunigen, weil deren Anteil leicht mit dem großen Anteil regenerativer Energie abgedeckt werden kann. Es könnte sich rechnen auch ohne Subventionen. Aber können wir uns auf einen solchen Verdrängungsmechanismus verlassen? Wird die technische Entwicklung sicher alles dramatisch abmildern? Müssen wir überhaupt etwas tun, oder können wir es in aller Ruhe einfach abwarten?

Denn das Denken einer Simulation des jetzigen Zustands ist der vollkommen falsche Ansatz für die Zukunft. Regenerativ jetzt und schnell und viel, dann könnten vielleicht die meisten Probleme durch Kollateralnutzen abgehakt werden.

Aber was bedeutet ein solches Durchstarten ökologisch? Wir sollten nicht um jede einzelne Fledermaus streiten! Ist ein Dieselfahrverbot nicht völlig belanglos im derzeitigen ökologischen System? Wie vergleicht man eine dauerhafte Überflutung Norddeutschlands mit der sauberen Luft im Stuttgarter Talkessel?

Der Klimawandel betrifft alle, seine vorrangige Bekämpfung ist also im wahrsten Sinne des Wortes gemeinnützig. Wer aber mit dem Kampf gegen Schadstoffe nur einzelne Menschen in den Ballungsräumen schützt, wenn überhaupt, der handelt bestenfalls nett nach Nasenprinzip, aber keinesfalls gemeinnützig. In diesem Sinne hat mit ihrer Durchsetzung von Fahrverboten und damit der Schädigung des Klimas, die DUH eher nicht gemeinnützig gehandelt.

Die Zeitskala muss in den meisten Fällen ein ganz wichtiger Teil einer Ökobilanz sein. Wann wo wie für wen welche Belastung entsteht und welche Folgen sind kurz- und langfristig im ganzen Lebenszyklus aus Gewinnung, Fertigung, Nutzung, Entsorgung, Endlagern zu erwarten? Es wäre fatal, wenn wir in 20 Jahren feststellen müssen, dass die Klimarettung nicht gelungen ist, wir aber die Umwelt massiv mit Halden von Akku-Schrott belastet haben.

Der CO_2-Ausstoß ist lokal ohne Bedeutung, global sofort wichtig.
Die NOx-Menge ist global egal, örtlich aber langfristig nicht.

Welche Ziele sollen vorrangig angestrebt werden?

Zur Zeitachse gehört auch der Lebenszyklus der Energiewandler und -speicher in Verbindung mit ihrer CO_2-Bilanz.
Im folgenden ist in der ersten Spalte angegeben, wie viele Betriebsjahre notwendig sind, um die für Bau und Betrieb

aufgewendete (meistens bisher fossile) Energie wieder zu erzeugen.

In der nächsten Spalte ist die maximale Lebensdauer angegeben.

In der letzten Spalte ist angegeben wie viel mehr Energie erzeugt als aufgewendet wird. Je höher der Faktor, desto sinnvoller ist der Einsatz dieser Art der Energiewandlung.

Fotovoltaik   3 Jahre - 30 Jahre   Faktor 10

Wind   1 Jahr   - 70 Jahre   Faktor 70

Kernenergie   10 Jahre - 30 Jahre   Faktor 3

Bei der Kernfusion jetzt im Labor hat der Faktor noch viele Nullen hinterm Komma.

Das gute Abschneiden der Windenergie wird leider politisch und ökologisch nicht genutzt. Bei diesen Zahlen ist es absolut unverständlich, dass jetzt Windräder nach Ende der Förderung wieder abgerissen werden, also nur 10 der möglichen 70 Jahre genutzt werden und so völlig unnötig dann auch nur den Faktor 10 statt 70 haben.

Hier liegt genauso wie bei der Verdrängung der Entsorgung bei der Kernenergie ein massiver politischer Fehler vor. Man hätte sehr wohl bei einer Förderung für nur 10 Jahre trotzdem die Bedingung stellen können, dass die Anlage die volle Lebensdauer in Betrieb bleiben muss, für jedes frühere Jahr der Abschaltung hätten Kosten für Entsorgung und Wiederbeschaffung anteilig in Rechnung gestellt werden müssen. Wird also ein Windrad nach 10 Jahren abgeschaltet, hätte man Wiederbeschaffungskosten für 70/10 - 1, also 6 Windräder in Rechnung stellen können, wird nach 20 Jahren abgeschaltet, dann nur 70/20 - 1, also 2,5 Windräder. Dann sähe die Wirtschaftlichkeitsrechnung für die Betreiber ganz anders aus. Nach dem entsprechenden Desaster mit den Kosten für die Kernenergie hätte man schlauer sein können und sollen.

Eine technische Lösung kann und darf nicht politisch entschieden werden, sondern es müssen Rahmenbedingungen gegeben sein, die eine Zielerreichung beschreiben, bestenfalls erleichtern könnten. Also keine Förderung eMobil, sondern Förderung jeder Antriebstechnik, die das Ziel erreichen hilft.

Eine zu frühe pauschale Entscheidung für oder gegen eine Lösung schließt neue, andere, bessere Lösungen von vornherein aus. Siehe dazu die Entwicklung von der Dampfkutsche über die eMobile zu den Verbrennern. Da eMobilität dem Klima nichts bringt, wären Verbrenner mit regenerativem Treibstoff die in jeder Hinsicht bessere Lösung, die sich hoffentlich noch durchsetzt bevor es die Experten für Verbrennungsmotoren nicht mehr gibt. Der regenerative Treibstoff wäre ein guter Speicher für überschüssige Solar- oder Windenergie. Diese Antriebstechnik würde alle Vorteile verschiedener Lösungen miteinander verbinden. Dagegen kann die Einschränkung von Entwicklungsanstrengungen neue Möglichkeiten und Lösungen verhindern. Denn warum soll man Speicher für Solarenergie entwicklen, wenn man auf den Südlink setzt? Warum soll man Verbrennungsmotoren spezialisieren für regenerativen Treibstoff, wenn man den nicht erzeugen will? Man sollte der technischen Entwicklung zeitlich und inhaltlich unbehinderte Möglichkeiten geben, gewünschte Ziele (CO2, regenerative Energie) zu erreichen, aber nicht die technischen Möglichkeiten behindern durch Vorgabe von vermeintlichen Lösungswegen wie eMobilität.

Die politische Entscheidung für die eMobilität hat die Autoindustrie in eine Falle getrieben. Der Diesel wäre ein Beitrag zur Klimarettung. eMobil dagegen ist Schutz vor Schadstoffen, trägt aber nichts zur Klimarettung bei, der CO_2-Ausstoß findet dort außerhalb der Nutzungsphase statt und bei der Energiebereitstellung, ist aber kaum geringer.

Der Dieselbetrug und das NOx betreffen Schadstoffgrenzwerte, haben aber nichts mit dem Klima zu tun. Da Kunden jetzt den Diesel vermeiden und das eMobil nicht wollen, kann nun die Autoindustrie die gesetzten CO_2-Grenzwerte nicht erfüllen. Wenn Klima Vorrang haben soll, dann müssten saubere Diesel gefördert, die Fahrverbote ausgesetzt werden.

Man muss der Entwicklung neuer Lösungen Freiraum geben, sich politisch auf Vorgabe eines Zieles beschränken. Technische und gesellschaftlich Veränderungen sollten wie eine Evolution ablaufen. Das kann schon mal disruptiv ablaufen, das sollte aber nicht angeordnet werden, sondern begleitend passieren dürfen.

Das verdeutlicht auch das Beispiel Energiesparlampe. Es wurde politisch entschieden, die Glühbirne durch die Leuchtstoffröhrentechnik zu ersetzen ohne Beachtung verheerender Umweltbelastungen. Man hat Schadstoffe und Entsorgungsprobleme in Kauf genommen zugunsten des Klimas! Geht also, wenn die Lobby es will.

Aber da stand schon die LED-Technik in den Startlöchern, die hätte man abwarten können im Freiraum der technischen Entwicklung. Aber die Lobby wollte offensichtlich mit Macht noch die Herstellung der Leuchtstofflampen amortisieren, bevor die LED-Technik die Leuchtstoffröhre verdrängt. Man muss der technischen Entwicklung Anpassungsmöglichkeiten lassen. Eine Beeinflussung muss ausschließlich durch Definition von Zielen unabhängig von der technischen Lösung erfolgen.

Politische Entscheidungen neigen zu einem entweder-oder, selten zu einem sowohl-als-auch. Letzteres ist komplizierter aber nachhaltiger, erlaubt gleitende Übergänge und gibt der technischen Entwicklung Freiraum. Dieses Vorgehen passt sich leichter an, so wie genetische Anlagen in der Natur, in der Evolution. Es bietet auch Ausfallsicherheit. Politik kann unterstützen durch langfristige Randbedingungen (Kosten, Umwelt, Arbeitsplätze). Aber Umstrukturierungsmaßnahmen müssen von der Bevölkerung auch angenommen werden. Derzeit ist die Situation, dass nicht gegen das weitere Plattmachen von Ortschaften für Braunkohle demonstriert wird, sondern die Betroffenen bei der Braunkohle bleiben wollen und gegen die Ansiedlung von Tesla protestieren, also gegen eine Umstrukturierung mit der Schaffung von neuen Arbeitsplätzen. Selbst wenn die eMobilität nicht wirklich zum Renner wird, könnten doch andere Firmen mit Ansiedlungen folgen.

Gesellschaft

Wenn vom ökologischen Fußabdruck die Rede ist, geht es um eine Ökobilanz des Menschen. Derzeit erzeugt jeder Einwohner in Deutschland ca 9 t CO2 im Jahr. Deutschland gehört damit zu den Spitzenreitern mit klimaschädlichem Verhalten. Für Indien dagegen liegt der Wert bei nur 1,2 t, selbst China liegt mit 7 t deutlich niederiger als Deutschland. Das als Hintergrund zu der Frage, was denn Deutschland mit 2% Anteil an Treibhausgasen überhaupt beitragen kann. 2% sind schon heftig, weil wir nur 1% der Weltbevölkerung stellen. Da sollten wir schon etwas unternehmen, nicht nur, um die Technik verkaufen zu können.

Was ist davon zu halten, mit dem Auto zum Sport zu fahren und dann im Fitness-Studio noch elektrische Energie zu verbrauchen, statt ab zuhause zu Joggen oder mit dem Fahrrad zu fahren? Wie klimaschädlich ist es, mit dem Flugzeug in Urlaub zu fliegen, statt mit Auto, Bahn oder Bus zu fahren. Wie klimaschädlich sind Kreuzfahrten?

Der Mensch ist energetisch ineffektiv wie jedes Tier, aber trotzdem sollte er sich aus gesundheitlichen Gründen ausreichend bewegen, also Energie verschwenden durch die notwendige Ernährung. Bewegung nützt der Gesundheit. Fahren nützt so gesehen der Umwelt und dem Klima.

Steht der Mensch im Mittelpunkt, geht es nur um unseren Schaden und Nutzen? Können wir den Kollateralschaden überhaupt abschätzen?

Wie immer kommt es auf das Ziel an, Gesundheit fördern oder Energieverbrauch verringern? Es kann nicht beides maximal erfüllt werden. Können wir uns überhaupt darauf einigen, was ein Schaden und was ein Nutzen ist?

Beispiele:
Energiewandlung großtechnisch oder dezentral? Warum muss man die großtechnisch sinnvolle Verwendung bei Kern- und Kohlekraft unbedingt simulieren mit den anderen Energiewandlungen. Gerade Solartechnik und Windkraft lassen sich doch gut dezentral betreiben. Der Ausfall einer Anlage oder ein Cyberangriff haben dann erheblich geringere Auswirkung und der ganze großtechnische umstrittene Transport entfällt.

Die Betrachtung der Zeit spielt bei allen gesellschaftlichen Vorgängen eine große Rolle, das wird oft verdrängt. Besonders deutlich tritt das auf bei Radioaktivität oder Vermüllung. Aber es spielt auch eine Rolle bei Gesundheit, Kinderarbeit, Menschenrechten, Umwelt, Landschaftsverbrauch, Rohstoffen, Halden, Höhlen, Entsorgung, Kosten, Natur.

Oft wird bei der CO2-Bepreisung die Form der Ausführung zu wenig beachtet. Bei CO2-Zertifikaten wird die Menge festgelegt, der Preis pendelt sich per Nachfrage ein. Bei einer CO2-Steuer wird der Preis festgelegt und die Menge pendelt sich entsprechend der Nachfrage ein. Die Wirtschaft bevorzugt die Zertifikate, weil dadurch der Preis hochgetrieben werden kann. Ein sozialer Ausgleich ist aber wegen schwankender Preise kaum möglich. Für die Verbraucher ist deshalb die Steuer besser geeignet, hier kann man durch Mengensenkung sparen und nur durch den festen Preis ist ein sozialer Ausgleich leichter möglich.

Eine CO2-Abgabe sollte sich nicht nach dem absoluten Ausstoß richten, sondern nach der Herkunft des C. Belastet werden sollte nur fossiler Brennstoff. Keine fossilen Kraftstoffe zu verwenden ist wichtiger als Verhinderung von Verbrennung an sich, die wird nämlich weiter gebraucht, so effektiv wie möglich.

Beim Club of Rome ging es nicht nur um die absoluten Vorräte von Erdöl, sondern auch darum, dass man sie besser als nur für die Verbrennung verwenden sollte, schonen für die Nutzung bei Pharma und Kunststoffen. Plastik wird wichtig bleiben, wir müssen nur richtig damit umgehen, deshalb sollten wir fossile Öle eher nicht verbrennen.

Übrigens zählen nur 3%, von dem erzeugten insgesamt 60% regenerativen Strom als grün, Geförderter Strom (EEG) gilt nicht als Ökostrom, da abgegolten. Er gehört einfach zum Strom-Mix bei Verbrauch, Import, Export. Er wird erst nach Ende der Förderung zu Ökostrom. Darum müssen während der Subventionsphase (10 Jahre) diese Anlagen bei Netzüberlastung abgeschaltet werden, der Strom darf nicht gespeichert oder in regenerative Treibstoffe umgewandelt oder örtlich verwendet werden. So schießt sich die Klimarettung selbst ins Knie und treibt die Kosten für die Verbraucher in schwindelerregende Höhe. E-Fuels, regenerativer Kraftstoff, wäre unglaublich wichtig für Speicherung und Verbrennungsmotoren und die Herstellung braucht viel elektrische Energie. Die sinnvolle, kontinuierliche Nutzung der Sonnenenergie, ob als Wind- oder Solarenergie braucht Speicher.

Solche rechtlichen und sprachlichen Verwirrungen machen eine klare Diskussion oft unmöglich. Da sich am Ende der Subventionen die Windkraft nicht mehr rechnet für die Investoren, kommt es zum Abriss der Windräder. Aber die Entsorgung wurde nicht geplant und nicht in die Wirtschaftlichkeitsrechnung einbezogen. Den Investoren geht es nicht ums Klima oder die Umwelt, sondern um Gewinn. Wieder steht die Unklarheit von Ziel und Weg einer Lösung im Weg. Aber Förderung ist eben politisch beliebter als eine Belastung. Förderung wirkt positiv und zielgerichtet, ist es aber nicht. So ergibt sich auch die verrückte Situation, dass Braunkohle ebenso gefördert wird wie Windenergie.

Bei Überschuss an regenerativer Energie ist die Effizienz zweitrangig, besser überhaupt gespeichert als abgeschaltet. E-Fuels bieten das nebenher. Man muss immer auch beachten, wenn anderes andere Vorteile und Nachteile hat, ob es in der Kombination besser geeignet ist als das optimale in nur einem Detail.

Was war und ist das Ziel? Nur wenn das Ziel gleich ist, kann man vergleichen.

Wer keine Technik zur Energieversorgung für andere in seiner Ortsumgebung will, also nicht großtechnisch, sondern dezentrale Energiewandlung, muss akzeptieren, dass jeder Ort dann für sich selbst sorgen muss, also Windkraft und Fotovoltaik zulassen.

Wer das nicht will muss aber die Verteilungssysteme für die großtechnisch gewandelte Energie und ihre Speicherung zulassen.

Wenn Kernenergie und Kohlekraft nach Verursacherprinzip frühzeitig belastet worden wären, statt sie zu fördern, hätten wir heute eine völlig andere Situation. Trotz Förderung werden in den letzten Jahren an Land weniger Windräder pro Jahr gebaut als vor der Jahrtausendwende, zu den bisher 28000 kommen derzeit nur noch wenige im Jahr dazu, mit der Tendenz weiterer Abnahme. Die lokale Akzeptanz für Windenergieanlagen könnte gefördert werden durch finanzielle Beteiligung der Anlieger an den Anlagen. Das sollte man auch bei Netzen für die Anlieger ermöglichen. Kommunale Politik oder Bürgerinitiativen gegen Windräder sind klimaschädlich. Nicht weisungsgebundene Klimamanager in Ortschaften wären sinnvoll.

Es gibt ein Optimum, das wir anstreben müssen, wenn wir wollen, dass der Mensch überlebt. Damit haben wir stille Annahmen gemacht, also implizite Ziele gesetzt. Wir könnten für die Rettung des Klimas den Menschen abschaffen. Wenn unser Überleben aber keine Rolle spielt, kann uns die Entwicklung von Klima und Umwelt egal sein. Erde und Natur werden den Klimawandel überleben. Es wird anders sein auf der Erde. Aber kann uns das nicht egal sein, wenn es uns dann nicht mehr gibt? Wenn wir aber nicht verschwinden wollen, wenn wir den Klimawandel überleben wollen, dann müssen wir Vorsorge treffen.

Wir müssen überlegen, welchen Einfluss auf Gesundheit, Arbeitsplätze, Wohlstand, Wasserversorgung, Landwirtschaft der Klimawandel hat und wie wir unser Verhalten ändern müssen, wenn wir den Klimawandel nicht verhindern können. Sicher wäre es auf jeden Fall von Vorteil, den Klimawandel mindestens zu minimieren, also überschüssige Treibhausgase möglichst zu vermeiden.

Das ist eine klare und durchführbare Aufgabe. Bei dem Kampf gegen Schadstoffe sollten wir auf die Verhältnismäßigkeit des Aufwands achten, der Klimawandel ist auf jeden Fall wichtiger.

Wenn wir gegen Schadstoffe kämpfen, dann sollten wir aber auch wirklich alle und ihre tatsächliche Auswirkung betrachten. Solange wir gegen das wesentlich gefährlichere Rauchen nur unwesentlich etwas unternehmen, sind die Maßnahmen gegen NOx zu heftig, auch weil Grenzwerte für eine Gefährlichkeit bisher keineswegs bewiesen sind.

Die gesundheitlichen Folgen müssen angemessen betrachtet werden:

Vergleich der Schadstoffe bei Kohlefeuer, Ölheizung, Holzfeuer, Grillen, Rauchen,

Vergleich der Abgase von Benziner und Diesel und Gas,

Vergleich von Feinstaub-Verursachern wie Wüste, Feuer, Motoren, Landwirtschaft.

Es sagt sich so leicht, am besten möglichst wenig Belastung. Je weniger Schadstoffe desto besser? Sollten wir dann also nur noch destilliertes Wasser trinken? Wäre das gesünder als Bodenseewasser? Sicher nicht, der gesundheitliche Kollateralschaden wäre erheblich. Es sollten nur keine nachweislich schädlichen Inhaltsstoffe vorhanden sein, aber jede natürliche Umgebung ist sowieso nicht lupenrein, was in vielen Fällen eben auch ungesund wäre.

Die immer wieder aufblühenden Diskussionen um eSmog, ob Überlandleitungen oder 5G in der Fläche, sind oft eher Glaubensbekenntnisse als sachliche Bewertungen. Die weltweite Vernetzung reduziert viele Personen- und Posttransporte, vermindert den Energieverbrauch in der Mobilität, ist also klimaschonend, auch Dematerialisierung von Abläufen genannt. Und wie groß ist der örtliche Umweltschaden? 5G hat wegen der höheren Frequenzen zwar eine höhere Energiedichte. Aber 5G braucht wegen der geringeren Reichweite der höherer Frequenzen deutlich weniger Energie pro Sendemast, und da die Energiedichte quadratisch mit der Entfernung vom Sender abnimmt, bei halber Reichweite nur ein Viertel der Energie in der Fläche. Und es bleibt die Frage, ob diese elektromagnetische Belastung überhaupt erheblich ist für den Körper. Es kommt nämlich noch hinzu, dass höhere Frequenzen weniger tief in den Körper eindringen.

Es wird viel zu selten erwähnt, welchen natürlichen Einflüssen wir ausgesetzt sind und wie stark ihre Wirkung im Vergleich zu den künstlichen sind. Da wäre das radioaktive Gas Radon, das überall aus der Erde entweicht und sich in Häusern mehr oder weniger anreichert. Für radioaktive Belastungen gibt es weitere Quellen neben dem Radon. Die Höhenstrahlung stellt eine wesentlich höhere Belastung dar als der Mobilfunk.

Ohne die durch die natürlichen Quellen ausgelösten Mutationen hätte es vielleicht die Evolution und den Menschen nie gegeben. Gut oder schlecht? Kollateralschaden oder -nutzen?
Man könnte es für wünschenswert halten, wenn es den Menschen nie gegeben hätte, aber das ist wieder nur eine Frage des Ziels.

Es braucht eine gesellschaftliche Übereinkunft über die Intensität des Umstiegs zu regenerativer Energie. Es braucht eine Verständigung, ob wir Schadstoffe im Vergleich zum

Klimawandel wirklich so wichtig nehmen müssen, wie wir es tun. Nehmen wir Schadstoffe so wichtig, weil wir sie direkt messen können, den Klimawandel aber nicht? Es gibt örtliche Proteste und Gerichtsurteile gegen Schadstoffe, aber nicht gegen Klimaschädlichkeit.

Örtliche Widerstände verhindern Windräder und Netze. Es gibt ein Nord-Süd-Gefälle in Zustimmung und Betroffenheit. Der Norden ist gut versorgt mit Windkraft, aber auch vom Klima bedroht durch mögliche Überflutung. Der Süden Deutschlands ist schlecht versorgt mit Windkraft, aber auch nicht so stark vom Klima bedroht, von der Gletscherschmelze und der folgenden Not bei Trinkwasser und Binnenschifffahrt einmal abgesehen.

Bei der Diskussion um Braunkohle wird stets das Problem für die Arbeitsplätz hoch gespielt. Natürlich ist das wichtig für die Betroffenen. Aber für die Braunkohle wird Landschaft vernichtet, werden Ortschaften platt gemacht und umgesiedelt, gehen Arbeitsplätze in anderen Branchen verloren. Wie kann man Landvernichtung durch Braunkohle mit Arbeitsplätzen überhaupt vergleichen? Würden nicht durch einen ungebremsten Klimawandel weltweit um Größenordnungen mehr Arbeitsplätze verloren gehen? Und wenn die Braunkohle für die Investoren aus anderen Gründen unattraktiv würde, dann wären die Arbeitsplätze ohne wenn und aber ganz schnell weg.

Von den meisten Parteien wird die Vollbeschäftigung als Problemlöser für alles gesehen, es gibt keinen Plan B. Wenn aber wegen Klima die Erwerbsarbeit drastisch sinkt, können und sollten wir zur Vermeidung des Klimawandels Arbeitsplatzverluste hinnehmen und dadurch vielleicht mehr Arbeitsplätze retten als sonst verloren gingen, wenn wir abwarten. Durch die Hängepartie beim Ausbau der Windenergie gehen immerhin derzeit mehr Arbeitsplätze in der regenerativen Energiewandlung schon wieder verloren als in der traditionellen. Das sollte uns zu denken geben.

Wenn man denn städtischen Autoverkehr will und braucht, was man ja auch in Frage stellen könnte, dann sollten alle technisch möglichen Antriebe betrachtet und verglichen werden und ein umfassender Blick auf Zusammenhänge mit anderen Zielen geworfen werden.

Immer wieder wird zwar angedacht, Solar- und Windenergie zu speichern, aber umfassender Energiewandel von der Sonne über die Speicherung, die Lagerung, den Transport wird zur Zeit viel zu wenig diskutiert und entwickelt. Natürlich geht Nutzenergie verloren, wenn elektrische Energie in eFuel gewandelt wird. Aber das ist immer noch erträglicher als Windräder anzuhalten oder abzureißen.

Da die Sonne ausreichend Energie liefert, ist die Effizienz dieser Ressource technisch belanglos. Das spielt nur für die Investoren bei der Gewinnbetrachtung eine Rolle.

eMobilität ist zur Zeit eine rein politische Entscheidung ohne Betrachtung der Folgen. Obwohl es nur einer von vielen Wegen ist, wird es als Ziel an sich betrachtet und behandelt. Das ist falsch. Man sollte der technischen Entwicklung die Freiheit geben, andere Treibstoffe für Verbrennungsmotoren einzusetzen. Das Thema Umrüstung sollte daher nicht nur Katalysatoren und Filter betrachten, sondern auch die Verwendung anderer Treibstoffe.

Wenn wir uns auf nachhaltige Energie beschränken wollen oder müssen, also auf die Lieferung durch die Sonne, dann heißt das ja noch lange nicht, dass wir alles elektrisch machen. Energiewandel aller Art ist sinnvoll und möglich.

Regenerative Treibstoffe sind sicher sinnvoller als fossiler oder radioaktiver Strom! Es macht sehr viel Sinn, weiter Verbrennungsmotoren zu betreiben. Nebenher sind regenerative Treibstoffe auch noch ein allgemeiner Energiespeicher, der das CO2 in der Atmosphäre reduziert, leicht zu transportieren und zu laden ist.

Windenergie ist auch eine indirekte Energie, es ist eine Wandlung der Sonnenenergie. Auch Wasserkraft ist eine indirekte Energie, die könnte durch den Klimawandel abnehmen.
Die Gezeitenenergie liefert uns übrigens der Mond.

Auch der gutgemeinte Vorschlag, die eMobile als eEnergie-Speicher zu verwenden, ist in der Umsetzung viel zu kompliziert, wenn überhaupt machbar.

Wir haben die Motorentechnik für alle Antriebsarten. Das sollten Hersteller und Politik möglichst erkennen, bevor wir verlernt haben, diese Motoren zu fertigen

Könnte ein Tempolimit auf den Autobahnen den CO2-Ausstoß verringern? Ja, schon. Aber man muss alle Ziele von Autobahnen betrachten und dann abwägen, welches Ziel wichtiger ist. Das vorrangige Ziel einer Autobahn ist doch wohl der Durchsatz. Der ist bei Tempo 80 am größten, da ist die CO2-Ersparnis noch größer als bei 130, also ist Tempo 130 willkürlich, eigentlich unbegründet, ein fauler entweder-oder Kompromiss. Die bessere sowohl-als-auch Lösung wäre eine adaptive Geschwindigkeit, die Staus minimiert. Also volle Autobahn Tempo 80, "leere" Autobahn unbegrenzte Geschwindigkeit, denn da ist der absolute Beitrag an CO2 sowieso gering.

Die Luftqualität in den Städten ist von der Menge insgesamt, nicht von der Menge pro Verursacher abhängig. Daher ist es nicht zielführend, den kleinsten Diesel-Flottenanteil Euro4 mit Fahrverboten zu belasten. Die Flotte aller Fahrzeuge insgesamt bestimmt die Überschreitung der Grenzwerte, nicht der Einzelne. Da in der Summe Euro5 oder Euro6 absolut viel mehr NOx erzeugt, hätte viel mehr für deren Belastung gesprochen. Außerdem wurden andere Einflüsse wie Autobahnen, Schiffe, Flugzeuge, Heizung nicht betrachtet, weil die Messwerte schwer zuzuordnen sind. Wenn man die kleinste Minderheit bestraft, dann ist der Protest geringer. Der Streit um die Grenzwerte und die Gesundheitsschädlichkeit und die Herkunft von NOx und die Verhältnismäßigkeit ist ja noch nicht beendet, ganz abgesehen vom Aufstellungsort der Messstationen. Flächenfahrverbote wie in Stuttgart wegen eines ausschließlich politischen Grenzwertes zu Lasten einer Teilmenge der Autoflotte sind unverhältnismäßig, im Grunde sittenwidrig. Das Neckartor in Stuttgart liegt übrigens in unmittelbarer Nachbarschaft zu der Großbaustelle Stuttgart21 mit zig LKWs, Baumaschinen, Staub. Nur 30% des NOx wird durch Verbrenner-Autos verursacht. Nur 1% dieser Fahrzeuge sind Euro4-Diesel, deren Verbot bringt also weniger als 0,5% NOx-Reduzierung, das nützt Stuttgart gar nichts.

NOx ist leider ein gut messbarer Indikator für Schadstoffe aller Art in der Luft, aber deshalb kann man doch nicht nur diesen Überbringer der schlechten Nachricht bestrafen.

Der Nachweis der Schädlichkeit ist schwierig, ein sehr niedriger Grenzwert ist Reinheitswahn, wie beim gesundheitsschädlichen destillierten Wasser. Euro4-Diesel waren vor der Schummel-Software auf dem Markt, die Schummler Euro5 und Euro6 dürfen aber vorerst weiter fahren. Und es ist nicht sicher, ob die Umrüstung kommt und ob sie etwas bringt. Aber die ehrlich dreckigen-Euro4-Diesel werden bestraft, obwohl sie inzwischen die kleinste Teilmenge aller Antriebe bilden.

Wenn nach der Einführung der Fahrverbote eine Verbesserung bei NOx eintritt, kommt das dann direkt durch das Verbot dieser Fahrzeuge oder nur durch sowieso fällige Neuanschaffungen als Ersatz für alte Fahrzeuge oder durch weniger Holzheizung?

Kommt es zu einer Verschlechterung bei NOx, liegt das dann an den vielen Ausnahmen vom Fahrverbot, an mehr Holzheizungen, an der Zunahme von größeren Fahrzeugen? Letztere könnten durch höheren Verbrauch auch mehr NOx ausstoßen als die alten Euro-4 Diesel. Die Entscheidung für Fahrverbote darf also nicht von Messwerten ausgehen, sondern muss grundsätzlichen Erwägungen folgen, die alle Beteiligten in gleicher Weise einschränken, und dem Klima nicht schaden. Fahrverbote haben eher eine Alibi Funktion, es bringt nichts und beweist nichts.

Obwohl nachgewiesen und anerkannt Feinstaub gesundheitlich gefährlicher ist als NOx, ist das Vermeiden nur auf freiwilliger Basis eingeführt, es gibt da keine Fahrverbote. Aber Feinstaub erzeugen eben alle Fahrzeuge und die Landwirtschaft und die Hausheizungen und Wüstenstaub und Baustellen und Vulkanausbrüche. Die Anteile der einzelnen Verursacher sind kaum darstellbar. Da kann man es also nicht auf einen Schwächsten, den Euro4-Diesel-Fahrer abwälzen. Aber niemand traut sich, alle einzuschränken. Und vielleicht traut sich auch keiner die Fahrverbote wieder aufzuheben, denn dann könnte es Schadenersatzklagen geben.

Wenn man nur einer Minderheit Einschränkungen auferlegt, hat man die Mehrheit auf seiner Seite, die Aufregung ist also beherrschbar. Beruhigend beim Feinstaub ist, dass das Leben über die gesamte Evolution hinweg mit Feinstaub durch Wüsten und Vulkanausbrüchen zurecht gekommen ist. Bei den Diskussionen um Schadstoffbelastungen sollte man auch nicht vergessen, dass wir auf hohem Niveau jammern. Seit dem 2. Weltkrieg war die Luft in Deutschland, insbesondere auch gerade in den Städten, noch nie so sauber wie jetzt. Ich habe den Smog im Ruhrgebiet und das Waldsterben durch SOx noch erlebt.

Im Hinblick auf die Klimarettung sind die Luftschadstoffe gerade die falsche Baustelle.

Insbesondere wenn deren Bekämpfung den Klimawandel zusätzlich beschleunigt, wie das eMobil. Ein beispielhafter Widerspruch zwischen globalem Klima und lokaler Umwelt.

Woher kommt in kurzer Zeit die elektrische Energie, wenn alle elektrisch fahren würden? Was hätten wir dadurch gewonnen?
Was ist, wenn deswegen alle Lichter ausgehen und wenn dann im Raum steht: eMobilität gelingt nur mit Kernenergie. Was dann? Erste Diskussionen gibt es schon. Vielleicht kommt die eMobilität-Lobby ja aus dem Kernener-

gieumfeld und will uns deshalb fälschlich weis machen, dass eMobilität das Klima schont.

Auch bei dem immer wieder propagierten, weil "sauberem" Flüssiggas, ist ein genaueres Hinschauen sinnvoll, es könnte eine Scheinlösung oder auch ein falscher Weg sein, je nach erstrebtem Ziel.
Zum einen gibt es verschiedene Arten „Flüssiggas".
Das übliche Autogas (LPG) ist der gasförmige Anteil bei der Erdölverwertung, also kaum anders einzustufen als flüssige Treibstoffe aus Erdöl.
Flüssiges Erdgas (CNG, LNG) hat einen höheren Anteil an Wasserstoff, ist also energiereicher.
Aber alle diese Flüssiggase sind fossil, setzen also zusätzliches CO_2 frei. Sie sind eben nicht klimafreundlich, nur ärmer an Schadstoffen, insbesondere CNG.
Die Versuche, CNG für Schiffe zu verwenden, hat ergeben, dass bei der Verbrennung außer eben CO_2 auch Methan entsteht, ein 25 fach wirksameres Treibhausgas als CO_2. Also auch hier wieder der lokale Vorteil geringerer Schadstoffe, aber global sehr klimaschädlich. Wer das Klima in den Vordergrund stellt, der muss Flüssiggas als Lösung eher ablehnen.

Einige Industriekonzerne haben jetzt CO_2-Neutraltät für die nächsten Jahre angekündigt. Ganz im Sinne der geplanten Klimaschutzgesetze. Aber das sind möglicherweise nur gut gemeinte Mogelpackungen.

Die Firmen meinen den CO_2-Ausstoß ihrer Standorte einschließlich vielleicht der Energie. Fahrzeughersteller meinen wohl zusätzlich die Nutzung der gefertigten Fahrzeuge, hoffe ich.

Aber was ist mit dem indirekten CO2 bei Gewinnung, Vorfertigung, Entsorgung und Transport, die woanders stattfinden oder stattfinden können? Klimaschutzgesetze meinen den CO2-Ausstoß innerhalb der Landesgrenzen. Was ist mit durchfahrendem Autoverkehr, mit angelieferten Gütern? Wie das alles ausgegrenzt oder einbezogen werden soll, wie man was miteinander vergleichen kann oder nicht, ist kaum ersichtlich.

Mit dem eiligen Umstieg auf eMobile schlägt die Autoindustrie drei Fliegen mit einer Klappe.

Einmal wird damit der Diesel-Betrug verdrängt.

Zum anderen kann der Elektro-Energiehunger moderner Fahrzeuge verschleiert werden. Bereits in den 90er Jahren gab es intensive Diskussionen zur steigenden Nutzung der elektrischen Energie (Servomotoren, Elektrik, Elektronik). Es gab eine Erhöhung der Batterieleistung, Verdoppelung für Ausfallsicherheit wurde angedacht. Der Bedarf steigt derzeit weiter rapide an. Und nun kommt das eMobil, bei dem das halbe Auto ein Akku ist, ein Kollateralnutzen für die Elektronik und die Servo-Motoren an Bord. Die elektrische Energie steht unauffällig zur Verfügung. Und da lauert schon die Schummelnische der nächsten Generation:

Der riesige Akku verspricht 300 km Reichweite, leider wird ein großer Teil für die Elektronik verbraucht, spätestens beim autonomen Fahren. Dann ist die Reichweite deutlich kleiner. Die Industrie setzt inständig darauf, dass sich bis dahin bessere eSpeicher finden werden, und sonst?

Für die Autoindustrie gibt es noch einen weiteren Kollateralnutzen der eMobilität. Es gibt ein EU-Gesetz zum Flotten-CO2-Ausstoß der Hersteller. Dabei wird aber keine Ökobilanz des ganzen Lebenszyklus zugrunde gelegt, sondern nur der CO2-Ausstoß in der Nutzungsphase, der bei eMobilen Null ist. Eigentlich ist das schon wieder ein Schummeltrick, der von vornherein ins Gesetz eingebaut wurde. Gute Lobbyarbeit? Nur mit dieser Wertung der eMobil-Flotte können die Hersteller überhaupt das Ziel erreichen. Das ist die dritte Fliege unter der Klappe. Bei ehrlicher Bewertung des Lebenszyklus müsste vorrangig der Diesel oder die Nutzung regenerativer Treibstoffe gefördert werden. Bei der eMobilität wird der Käufer für dumm verkauft und die Aktionäre schauen in die Röhre.

Zur Zeit stehen wir vor der Markteinführung der milden Hybride. Neben dem 12V-Bordnetz haben die noch einen großen Akku für ein zweites 48V-Bordnetz mit Startergenerator. Dieser unterstützt elektrisch bei hohen Leistungsanforderungen wie beim Anfahren den Verbrenner. Er ermöglicht die Energierückgewinnung beim Bremsen. Er ermöglicht, den Verbrenner optimal nur im mittleren Leistungsbereich zu nutzen. Die Vorteile für Fahrkomfort und Klima haben auch noch den Kollateralnutzen, dass die Bordelektronik ausfallsicherer versorgt ist.

Das ist der Versuch, alle Vorteile der verschiedenen Antriebsarten zu verbinden und die Nachteile zu minimieren. Diese Antriebstechnik ist sauberer und CO2 ärmer als alle anderen. Und wenn dann noch regenerativer Treibstoff dazu kommt, kann das vielleicht die Lösung der Zukunft sein.

Es gibt auch Befürchtungen, dass mit dem eMobil der Autoverkehr dramatisch steigen wird durch steigernde Effekte des individuellen Verkehrs wie Carsharing und autonomes Fahren.

Aber solche Überlegungen über die Zukunft gehen wieder stark von einer Simulation der Gegenwart aus. eMobil könnten als Kollateralschaden/nutzen die Abkehr vom Auto sogar beschleunigen.

Bisher war die sogenannte "Familienkutsche" das Kombiauto für Stadt und Urlaub und Geschäftsfahrten. Mit der eMobilität in der Stadt lohnt sich das große Fahrzeug nicht mehr. Der große Verbrenner nur noch für Flächen- und Fernfahrten? Ein Zweitauto nur für die Stadt? Ein eMobil ist für Fläche und Ferne kein Ersatz für die Verbrenner, ist keine sowohl-als-auch Lösung. Die Nische für eMobilität ist Carsharing in Städten, viele kurze Strecken fahren, oft und kurz Energie tanken. Die von Herstellern verfolgte Idee, Transport anzubieten, egal wie, Mobility as a Service (MaaS), wurde schon einmal in den 90er Jahren diskutiert. Es sollen keine Fahrzeuge, sondern der Transport von Menschen und Gütern verkauft werden.

Das Verhalten der Menschen könnte in eine ganz andere Richtung gehen. Vielleicht gibt es eine Abkehr vom Auto für alles und eine Zuwendung zum Fahren mit der Bahn bei großen Entfernungen, verbunden mit einer Zunahme des ÖPNV in den Regionen, weil allein für Stadtfahrten ein Auto anzuschaffen kaum wirtschaftlich ist. Das wäre dann eine Selbstheilung der Probleme ohne blitzschnelle Entwicklung neuer Techniken, es wäre ein langsamer aber wirksamer Übergang, für einen solchen Prozess wäre eine weitere Unterstützung der bisherigen Technik förderlich.

Es ist allerdings die Frage, ob und wie schnell eine Ausweitung des Schienenverkehrs ermöglicht werden kann. Es braucht dann eine intelligente, umfangreiche Bahnlösung auch für LKWs.

Der Umgang mit Klima und Umwelt muss verhältnismäßig sein für den Einzelnen und die Gesellschaft. Das erfüllen Fahrverbote nicht. Das sollte fair geschehen, nicht auf dem Rücken der Schwächsten. Als erstes hätten mal die öffentlichen Fahrzeuge dran kommen müssen. Denn die Verwaltung sollte dem Bürger dienen, nicht umgekehrt. Dann sollten alle Fahrzeuge betrachtet werden, denn Grenzwerte werden nicht durch den Ausstoß einzelner, sondern durch die Summe überschritten.

Wenn es schon jetzt eine große Carsharing-Flotte mit Euro4-Diesel gegeben hätte, wer hätte dann jetzt die Umrüstung bezahlt? Oder hätte die Lobby dann das Diesel-Fahrverbot verhindert?
Wenn alle Euro4-Diesel durch doppelt so schwere Euro6-Diesel ersetzt werden, hat man wahrscheinlich nichts gewonnen.
Übrigens haben Gerichte keine Fahrverbote angeordnet, sondern zugelassen auf Grundlage entsprechender Gesetze. Ein Gericht kann nicht anders. Aber da ist die politische Gestaltungsfreiheit in EU, Deutschland und vor Ort gefordert. Genau genommen lässt man uns von Gerichten regieren, statt politisch zu entscheiden. Es ist Aufgabe der von uns gewählten Regierenden, uns zu schützen und nicht, sich hinter Gerichtsentscheidungen zu verstecken.

Sollten Autobahnen in Ortsnähe gesperrt werden, weil Grenzwerte in der nahegelegenen Stadt überschritten sind?

Soweit werden weder DUH noch Richter gehen. Es gibt also schon Ermessensspielräume.

Wir müssen weg vom Kosten/Gewinn-Denken, hin zu nachhaltiger Verwendung der Ressourcen. Immer sollten ehrlich und transparent Ziele und Kollateralschäden benannt werden. Kollateralschäden sollten den Gewinn des Betreibers schmälern und nicht deren Kosten der Allgemeinheit angelastet werden. Nur dann erkennt man auch früher, wenn eine Lösung unverhältnismäßig ist oder aus dem Ruder läuft.

Höchste Feinstaubbelastungen findet man übrigens an Radwegen und bei Untergrundbahnen, auch eMobile erzeugen viel Feinstaub. Diese vor Ort abgasfreien Fahrzeuge bringen also wenig gegen die Feinstaubbelastung der Städte. Wenn es Grenzwerte für Feinstaub im unterirdischen Zugverkehr gäbe, hätte die DUH dann auch gerichtlich U- und S-Bahnen verbieten lassen, weil die Belastung dort zig mal höher ist als im Autoverkehr?

Die relative Belastung durch Flugverkehr pro Mensch/km ist hoch, aber die absolute Menge gering. Geschieht das Flugschämen aus Neid oder als Gerechtigkeitsdiskussion oder aus Prinzip?

Auf jeden Fall wäre eine Gleichbehandlung sinnvoll, also eine Besteuerung des Flugtreibstoffs. Flugzeuge könnten natürlich den Flughafen zum Tanken wechseln, also Strecken anders anbieten, was Autofahrer nur in Grenznähe nutzen, um billiger zu tanken

Sinnvoll wäre deshalb mindestens eine EU-Lösung, noch besser eine globale. Wir hätten mit Transrapid den inländischen Flugverkehr abbauen/verhindern können, wir hatten die Technik, aber in erster Linie wurde das durch lokalen Umweltschutz und ziellose politische Entscheidungen verhindert. Das kommt einem in der Klima-Diskussion irgendwie bekannt vor.

Die Menschen müssen sich alle die Mühe machen, Wirkzusammenhänge und Kollateralschäden zu verstehen und Ziele daraus abzuleiten. Sollen die Ziele großtechnisch mit Verteil-Netzen oder mit dezentralen Lösungen erreicht werden?

Planen wir Umsiedlungen, um Ziele besser zu erreichen? Das war übrigens bei Wasserkraft und Braunkohle immer schon üblich und notwendig. Wollen und können wir Energie speichern statt sie sofort verbrauchen zu müssen? Verringern wir den CO2-Ausstoß durch Langfrist-Speicherung oder durch Erzeugung regenerativer Treibstoffe?

Vernachlässigen wir den technischen Feinstaub, weil der natürliche Feinstaub sowieso nicht zu verhindern ist?

Ändern wir die Landwirtschaft (Staub, Düngen, Methan, Artenschutz)?
Da die Waldränder mehr CO2 auch im Boden speichern als die inneren Waldflächen, wären viele kleine Wälder, also eine kleinteilige, vielfältige Landwirtschaft von Vorteil. Das sollte dann auch entsprechend gefördet werden. Für die CO2-Speicherung sind auch intakte, also nasse Moore sehr wichtig. Werden sie trockengelegt, um sie als normales Ackerland zu bewirtschaften, dann nehmen sie nicht nur kein CO2 mehr auf, sondern geben auch noch ihren großen Vorrat an die Atmosphäre wieder ab. Das ist im großen Maße klimaschädlich und sollte auch durch ent-

sprechende Förderung verhindert werden, das spricht dann
auch für kleinteilige Landwirtschaft mit vielfältigen spezi-
ellen Kenntnissen.

Die Wirkung von Mooren und Permafrostböden auf das
Klima ist ähnlich, aber Moore könnte man wieder wässern
und diesen menschengemachten Klimaeinfluss beseitigen.
Die Permafrostböden aber tauen durch den Klimawandel
in einer Kettenreaktion auf, das können wir nicht direkt
beeinflussen.

Beim Klima gibt es vier Sichtweisen:

es ist egal
– nichts machen außer uns anzupassen

wir können es abwenden
– dann müssen wir schneller Maßnahmen ergreifen

es ist zu spät
– dann sollten wir uns auf Katastrophen vorbereiten

warten wir ab
– hoffen auf technische Lösungen wie

Allerwelts-Materialien für Akkus und Brennstoffzellen
Bio-Caps – schneller, leichter, nachhaltiger als Akkus
Supraleitung,
Kernfusion.

Menschen sind leider zu glaubensfähig und optimistisch
bei der Hoffnung auf technische Lösungen.
Der Klimawandel könnte auch ein Anlass sein, Besied-
lung, Verteilung und Leben anders zu organisieen. Fuß-

gängerstadt mit Leiterwagen oder Fahrradanhänger (Parken, Schließfächer, Garagen). Warum müssen wir das Zeitalter der Verbrennungsmotoren mit eMobilität oder anderem simulieren?

Verzichten wir doch auf die massenhaften Bewegungen in der Fläche und ändern das Siedlungsverhalten, so dass uns Fahrstühle und U-Bahnen ausreichen. Es gibt auch unbekannte oder weniger bekannte äußere Umstände, die unser Leben total verändern können. Wie entwickelt sich die künstliche Intelligenz?

Einmal angenommen, die Erde würde irgendwann von einem großen Asteroiden getroffen. Wir wissen das dann vielleicht nur wenige Wochen oder gar Tage vorher. Was können wir dann noch tun? Sollten wir uns schon jetzt darauf vorbereiten, verhältnismäßig? Genau so müssten wir mit den Planungen des Umgangs mit einem plötzlich gallopierenden Klimawandel umgehen. Oder eben nicht.

Die gesetzlichen Regelungen sind viel zu unflexibel für die gleichzeitige Problematik Klima und Umwelt.

Einige Städte haben formal den Klimanotstand ausgerufen. Da wurde inhaltlich auch Feinstaub diskutiert, was nichts mit Klima und daher auch nichts mit Klimanotstand zu tun hat. Etwas mehr Klarheit wäre angebracht, wenn man die Menschen mitnehmen will. Es wäre vielleicht gar nicht schlecht, wenn Klimanotstand wirklich gesetzlich geregelt wäre, dann könnte man klimaschädliche Freiheiten einschränken, Schadstoff bedingte Verbote verzögern, Vorrangiges definieren, Umsetzungen beschleunigen. Dann gäbe es mehr Klarheit im Widerstreit Klima-Umwelt.

Gerade wenn es zeitlich drängt ist Eile ein schlechter Ratgeber, so widersprüchlich es klingen mag.

Unter den Leugnern des Klimawandels gibt es zwei Lager. Zum einen die absoluten Leugner "das ist das Wetter" und diejenigen, die nur den Einfluss des Menschen abstreiten "das gab es schon immer, da können wir nichts machen". Letztere sollten sich aber dann Gedanken machen, wie wir wirtschaftlich und politisch damit umgehen sollen. Gibt es Beispiele in der Geschichte der Menschheit? Wurde Unlösbares bei Klima und Umwelt nicht immer durch Völkerwanderung gelöst? Die ist den Menschen heutzutage verwehrt. Sollen wir alle Grenzen öffnen und probieren, was passiert? In unserer heutigen Welt ist es nicht mehr vorgesehen, unwirtliche Regionen per Völkerwanderung zu verlassen. Die Problematik sehen wir im derzeitigen Umgang Europas mit der Flüchtlingsfrage sehr deutlich. Schon bald wird das Thema Klimaflüchtling sehr dringend. Der Mensch ist in unserer Welt das einzige Lebewesen, dass sich nicht frei bewegen darf, einmal abgesehen von den von ihm eingesperrten sogenannten Nutztieren. Wenn der Klimawandel kommt, weil er natürlich ist oder wir nichts tun oder zu spät zu wenig getan haben, dann ist doch die Frage, ob wir es fatalistisch so hinnehmen wollen oder ob wir uns vorbereiten. Wie gehen wir um mit, bereiten uns vor auf eine Überflutung Norddeutschlands und vieler Gebiete in Europa, einem Versiegen des Trinkwassers, einem Austrocknen der Böden und damit dem Ende von Wald und Landwirtschaft in Mitteleuropa?
Wohin wandern die europäischen Klimaflüchtlinge aus, wo werden sie aufgenommen? Oder können und sollen wir technische Lösungen vor Ort entwickeln, die ein Überleben hier ermöglichen? Das alles wird sehr viel mehr kos-

ten als eine jetzige Umkehr zu klimafreundlichem Verhalten.
Aber vielleicht wird es auch gar nicht gelingen.

Fragen über Fragen

wann ist ein Produkt grün?

welche Eingriffe in die Natur sind akzeptabel?

Was ist verhältnismäßig,

was ist nachhaltig?

Wollen oder sollen wir den Menschen oder die Natur abschaffen, damit es aus der Natur keinen Eingriff mehr in die Natur gibt?

Einfache Fragen? Aber einfache Antworten oder Lösungen gibt es nicht. Schon gar nicht ohne klare Ziele und klarer Benennung der zu akzeptierenden Kollateralschäden.

Man muss Ziele sauber definieren und sie wirklich wollen und dann überlegen, ob man die Kollateralschäden der Wege dorthin in Kauf nehmen will und für akzeptabel hält.

Welche Wege gibt es für das Ziel Klima <u>und</u> Umwelt? Welche sind wir bereit zu gehen? Sollen wir uns darauf beschränken und dann umsetzen, auch wenn es erhebliche Änderungen bedeutet, unser Leben auf der Erde völlig anders wäre und vielleicht dann weniger komfortabel ist für viele?

Können wir überhaupt etwas tun, und wollen wir das? Können wir zeitlich angemessen überhaupt noch einen Effekt erreichen?

Oder warten wir einfach ab, weil eine Voraussage gar nicht möglich ist? Wird die überwiegende Mehrheit mitmachen?

Baden-Württemberg ist trotz langjähriger grüner Regierung weder bei Klima noch bei Umwelt ein Vorbild,. Was können wir dann erst von anderen politischen Parteien erwarten?

Der Klimawandel selbst behindert zudem den Kampf dagegen:
Durch statische Wetterlagen gibt es Windstille, Regenmangel, Wärme (schädlich für Fotovoltaik), also weniger regenerative Energie. Dieser Einfluss ist schwer einzuschätzen, alle Prognosen könnten plötzlich kippen. Wird eine CO2-Abgabe etwas bringen oder alles nur noch undurchschaubarer machen? Brauchen wir einen sozialen Ausgleich? Sozial ist mehr als Geld, dazu zählen auch Meinungsfreiheit, Siedlungsfreiheit und Bewegungsfreiheit. Sind auf Gegenleistung angewiesene Mitbürger überhaupt Vielfahrer und tragen etwas bei, oder ist das nur eine bremsende Ersatzdiskussion, ein Alibi, nichts tun zu können?

Eine Klassenteilung arm-reich ist nicht die einzige, es gibt auch Stadt-Land und viele andere Unterschiede. Sicher würde eine CO2-Abgabe die Landbevölkerung mehr belasten. Reicht da ein finanzieller Ausgleich oder ist es komplizierter?

Die Frage nach dem sozialen Ausgleich ist zwar nett, aber bestenfalls durch Umverteilung zusätzlicher Kosten zu lösen. Wir sollten bedenken, dass Bürokratie die Energiebilanz auch belastet.

Natürlich werden und müssen die Kosten steigen, der Komfort sinken – von nichts kommt nichts.

Die EEG erhöht den Strompreis massiv und damit die Lebenshaltungskosten, ohne Gegenwert für den Einzelnen. Gerade bei der EEG gibt es auch keinen sozialen Ausgleich, obwohl nur die Investoren profitieren. Wie ist die mal zugunsten der Rentenkasse eingeführte ÖkoSteuer einzuordnen beim Thema Klima/Umwelt?

Oder gibt es jeweils ganz andere Gründe für diese Abgaben und fehlt die offene die Diskussion darüber?

Können wir ändern ohne zu ändern? Änderungen treten sowieso ein, wir können das nicht verhindern. Hier scheint die Demokratie vielen manchmal viel zu träge, weil die Mehrheit Probleme nicht versteht oder wahrhaben will. Andererseits kann die Demokratie sich durch plötzliche Änderung der Mehrheitsverhältnisse schneller anpassen an Veränderungen als autokratische oder ideologische Führungen, die schneller entscheiden könnten, es aber aus prinzipiellen Gründen oft nicht wollen.

Diesel wäre wegen geringerem CO2-Ausstoß gut für das Klima.

Die kurze Lebensdauer des eMobil-Akkus ist schlecht für die Umwelt.

Der Landschaftsverbrauch für Ressourcen und Entsorgung ist hoch für Akkus.

Sollen oder müssen wir den Welthandel umkrempeln. Wer entscheidet das?

Müssen wir Landwirtschaft radikal anders betreiben?

Es soll alles so bleiben, wie es ist, jedenfalls für den Menschen? Sinnvoll?

Es gibt doch sowieso Veränderungen wie Krankheiten, Naturkatastrophen, also ständige Veränderungen, dann kann nicht alles so bleiben, auch ohne Klimawandel.

Wenn durch den Klimawandel der Golfstrom versiegt, dann wird es in Europa zunächst deutlich kälter, aber der Meeresspiegel steigt trotzdem und wir müssen mehr heizen und die eMobil-Akkus machen schlapp bei wochenlangem Dauerfrost.

Wir klammern uns an die Idee, das Klima retten zu müssen.
Wollen, sollen, müssen wir

alle Arten erhalten?
den Wohlstand erhalten?
die örtliche Umwelt erhalten?
das globale Klima erhalten?

Was ist das Ziel ?
Flächenmobilität oder Klima oder Umwelt oder alles? Wahrscheinlich ist es eher sinnvoll, Unerwünschtes zu belasten, als Erwünschtes zu fördern, weil das Unerwünschte schon existiert, das Erwünschte aber erst noch entwickelt werden muss. Also eher CO2-Abgabe als EEG?

Ist Tierschutz bei Windrädern rational? Vielleicht gibt es Fledermäuse, die Windradflügel erkennen, die werden überleben, so funktioniert die Evolution. Die Entstehung der Säugetiere war für uns Menschen ein glücklicher Kollateralnutzen des Aussterbens der Dinosaurier.

Die Nutzung der Braunkohle zerstört nicht nur den Lebensraum vieler Tiere, sondern auch des Menschen. Der Heimatort wird platt gemacht. Für Stuttgart21 werden tausende von Eidechsen, viele Bäume und Käfer mit riesigen Kosten umgesiedelt, oft nicht einmal nachhaltig. Geschieht das bei der Braunkohle auch? Wäre sie dann noch wirtschaftlich?

Wie schnell müssen wir beim Klima handeln? Immerhin haben wir mehr Zeit als die Dinosaurier nach dem Asteroideneinschlag.

Falls wir schnell und massiv handeln wollen, darf es keine Tabus geben.

Schon immer in der Vergangenheit hat sich die Industrie in der Nähe von Ressourcen angesiedelt wie Kohle, Erz, Fische. Für den Welthandel entstanden Häfen an geeigneten Stellen und wurden bei Küstenänderung umgesiedelt. Jetzt hat Norddeutschland die Windenergie, da wäre es folgerichtig, dorthin Industrie umzusiedeln. Das ist bitter für die Arbeitsplätze im Binnenland, aber für das Klima und damit die Gesellschaft richtig oder notwendig.

KI/Automatisierung, eMobilität und anderes erhöhen den Bedarf an elektrischer Energie massiv. Der Bedarf steigt schneller als die Gewinnung, können wir das Tempo überhaupt realisieren?

Was ist das Ziel?

Langsamer vorgehen oder Energiewandlung um jeden Preis? Kaum jemand interessiert sich dabei für die örtliche Umwelt im Kongo bei der Gewinnung der Rohstoffe? Was ist mit der späteren Entsorgung giftiger Bestandteile?

Was ist von der Aufforderung zu halten, fangen wir auf unserem Kontinent an? Einen Anfang gibt es nur, wenn es auch ein Ende, ein erreichbares Ziel gibt. Wenn alle anderen nicht mitmachen, dann kommt der Klimawandel, ob wir wollen oder nicht. Vielleicht wird er auch von der Natur gestoppt oder ist längst ein Selbstläufer mit Kettenreaktion.
Wollen wir noch Aufwand in eine Verhinderung stecken? Warum?
Oder macht es keinen Sinn, unsere Kraft daran zu verschwenden?

Vielleicht sollten wir uns eher auf den Umgang mit dem Unvermeidlichen konzentrieren, Umsiedlungen planen und in Angriff nehmen, lokal und global die massiv wachsende Flucht organisieren und besprechen. Vielleicht kann der Rest der Welt die USA unter Druck setzen, dass sie sich von der Klimarettung freikaufen können, indem sie die Aufnahme von zig Millionen Klima-Flüchtlingen zusagen. Das ist dann eine ganz andere Ebene der Verhandlungen.

Also alle machen mit, oder wir lassen es? Beim Klimawandel haben wir Daten, Prognosen, Handlungsmöglichkeiten. Das können wir nutzen, aber ohne Sicherheit eines Erfolgs.

Die Gene der Lebewesen schaffen die Überlebensmöglichkeit der Natur, nicht des einzelnen Exemplars. Durch Epidemien könnten so viele Menschen sterben, dass der menschliche Einfluss auf das Klima unerheblich wird. Das gilt auch für Kriege und große Naturkatastrophen. Werden wir uns bei technischen Lösungen für den Ausfall elektrischer Energie die Möglichkeit des Umstiegs auf Verbrenner erhalten, werden wir uns nach der Dampflok sehnen?

Selbstgemacht ist Klimawandel nicht nur durch das CO2, sondern auch durch andere selbstgemachte Zwänge wie der Unfreiheit beim Siedeln. Der Mensch ist das einzige Lebewesen, das sich nicht mehr frei auf der Erde bewegen darf.
Würden wir das zulassen, wäre das auch eine Antwort auf den Klimawandel, würde ihn vielleicht sogar verhindern helfen? Oder verstärken? Aber Völkerwanderungen und Umsiedlungen würden das Verhalten und die Lebensweisen der Menschen massiv verändern. Sind die Menschen überwiegend dazu bereit?

In welchem Maße sollte man wegen

der Siedlungsbedingungen,
der Arbeitsplätze,
der Energieversorgung
der Verfügbarkeit aller Ressourcen

ein Auge auf die Geschwindigkeit der Umsetzung werfen?

Oft sind entweder das Verschleppen oder das Überstürzen das Problem.
Entweder-oder-Entscheidungen sind darum meistens schlechter als sowohl-als-auch-Lösungen. Man sollte das sich ändernde Optimum zwischen Verschleppen und Überstürzen im Blick behalten.

Nicht oder nur am Rande behandelt wurde hier die globale
Sicht auf dieUmwelt wie

Plastikmüll,
Mikroplastik in Luft und Wasser,
Umweltfaktor Mensch,
Wasserverbrauch,
Überflutungen mit Hygiene, Transport, Versorgung,
Wohnen, Heizen,
Ernährung,
Handel,
Verkehr insgesamt Fernverkehr, Flugtaxis, Drohnen
Schadstoffarten – Land, Wasser, Verbrennen, Recycling
Einfluss von Epidemien auf die Lebensweise
Schutz vor natürlichen Schäden wie Tsunami, Vulkane,
Hochwasser, Waldbrände, Erdbeben, Höhenstrahlung, Ra-
don.

Sind die vom Menschen verursachten Schäden wirklich
deutlich höher oder sind sie im Rahmen der natürlichen
Schäden. Übertreiben wir also Umwelt- und Klimaschutz
oder ist das wirklich im eingeforderten Umfang notwendig?

Schlussfolgerung (fast unmöglich)

Wegen des exponentiell steigenden Energiebedarfs, in erster Linie an elektrischer Energie, ist es auch nicht nur wegen endlicher Vorräte an fossilen Energieträgern und Uran für Kernenergie sowieso dringend, umzusteigen auf regenerative Energie mit Sicht auf das Ganze (Club of Rome).

Die angeblichen Vorteile und die möglichen Nachteile der eMobilität, die tatsächliche Machbarkeit sind noch nicht zu ende diskutiert.
Im Grunde sind Schadstoffe und Klimawandel doch nur Symptome unserer Lebensweise. Ist es dann wirklich sinnvoll, nur die Symptome zu bekämpfen statt die Ursachen zu beseitigen?
Oder könnte der Kampf gegen die Ursachen nicht noch mehr Schaden anrichten? NOx gegen CO2!
Wir müssen konsequent Ziele definieren, also Kollateralschäden minimieren, Kollateralnutzen maximieren für Umwelt, Klima, Lebensbedingungen.
Nicht Zeit und Kosten an Symptomen verschwenden, sondern die Ursachen reduzieren oder beseitigen.
Wir sollten auf jeden Fall die Zeitachse nutzen für die Umstellung auf die Sonne als Energielieferant. Mindestens können wir den Klimawandel damit abmildern, sind dann aber auch gerüstet für das Ende von fossilen und radioaktiven Ressourcen und den zunehmenden Energiebedarf.
Auch wenn wir keine Zeit mehr zu verlieren haben, sollten wir uns aber ausreichend Zeit nehmen bei den Lösungen.
Entschleunigung ist angesagt bei technischen Neuerungen, sonst schadet es Klima und Umwelt vielleicht noch mehr.
Denn Veränderungen an sich brauchen auch Energie und erzeugen Schadstoffe.

Das Rennen zum Ziel könnte einen technischen Kollaps
auslösen. Wollen wir nicht viel zu viel auf einmal?

Zwar schnelles Handeln gegen den Klimawandel,
aber bei langsamer Wandlung der Technik,
Umgang mit Katastrophen planen,
Vielfalt anstreben bei allen Lösungen.
Regenerative Treibstoffe und Antriebe,
eMobil als Nischen-Alternative,
Ändern der Landwirtschaft,
Ändern der Siedlungsweise,
Dezentralisierung,
Digitalisierung für die Nachhaltigkeit.

Die Schonung der lokalen Umwelt sollte zunächst zweitrangig erfolgen, weil die sonst durch den Klimawandel
vielleicht sowieso zerstört wird.

Der Verzicht auf andere Energieträger als Elektrizität
nimmt uns Ausfallsicherheit, nimmt uns Anpassungsfrei-
heiten, insbesondere bei Katastrophen.
Wir dürfen nicht mit Scheuklappen nur einen Weg verfol-
gen, sondern müssen auch im Sinne von sowohl-als-auch
alternative Wege zum Ziel beachten.
Es macht keinen Sinn, sich jetzt für das vermeintlich einzig Richtige zu entscheiden, wir können es nicht nur nicht,
wir brauchen es auch nicht. Vielfalt ist die Lösung.
Die vorrangige Umstellung auf ausschließliche Nutzung
der Sonnenenergie ist auch ohne Klimaproblem sinnvoll
und die einzige langfristige Lösung unseres Energiehun-
gers.

Nachwort

Unsere Aufmerksamkeit muss immer wieder auf die Frage
gerichtet sein

Was ist das Ziel und warum?

Klima oder Umwelt?
Schaden oder Nutzen?
Transportieren oder Lagern?
Dämmen oder andere Technik?
Ziel oder Weg?
Symptom oder Ursache?
Vor Ort hier oder woanders?
Lokal oder global?
Schadstoff oder Klimawandel?
Kosten oder Gesundheit?
Hygiene oder Komfort?
Vergleichbarkeit oder Beliebigkeit?
Jetzt oder zu einer anderen Zeit?

Da wir beim Klimawandel keine Zeit zu verlieren haben,
hat sich diese Darstellung zunächst im wesentlichen be-
schränkt auf das Aufzählen von wichtigen Fragen und er-
heblichen Widersprüchen in den Zielen und Wegen. Dabei
ist die Feststellung wichtig, dass ohne Zielvereinbarung alles nichts ist. Beliebigkeit und Missverständnisse führen
nicht zu Lösungen.

Viele Menschen wollen zurück, wollen nichts ändern, alles so lassen wie es ist oder war. Aber das ist kein zulässi-
ges Ziel, weil unmöglich. Denn die Erde, die Natur, die
Bewohner und ihr Verhalten ändern sich ständig. Also
müssen die Menschen sich bewusst anpassen an diese

Veränderungen, müssen Farbe bekennen bezüglich ihrer Ziele und gewünschten Wege dorthin bei Klima und Umwelt.

Eine Erde und eine Gesellschaft mit 8 Milliarden Menschen ist eine andere als mit 1 Milliarde Menschen. Eine der wesentlichen Änderungen der letzten 200 Jahre ist neben der Industrialisierung auch das Bevölkerungswachstum weltweit.

Wir wollen das Klima retten für unsere Nachkommen. Dann sollten es nicht zu viele sein, dann sollten wir überlegen, wieviel Nachwuchs sinnvoll ist. Das darf kein Tabu sein, das muss aber global beantwortet werden, genauso wie der Umgang mit dem Klima überhaupt. Es gibt da keine regionalen Lösungen, sondern nur globale. Der Mensch darf sich schon lange nicht mehr frei bewegen auf der Welt, aber er darf noch beliebig viel Nachwuchs haben. Die Bewegungsfreiheit hat er sich nehmen lassen, wird das andere folgen? Oder überlassen wir der Natur, dem Klima die Antwort?

Verweigerungen, unklare Ziele und falsche Wege müssen wir entdecken und vermeiden. Weil auch die Grünen keine Lösungen für die Widersprüche Umwelt/Klima bieten, stellt sich schon die Frage, welche Parteien den Mut haben, diesen gordischen Knoten zu zerschlagen, den Mut haben, Prioritäten zu setzen, wenn sich Widersprüche auftun.

Der tägliche Wahnsinn in den Nachrichten, das eMobil müsse gefördert werden, um das Klima zu retten, muss ein Ende haben. In Ökobilanzen schneidet das eMobil nicht signifikant besser ab als Verbrenner, das CO_2 entsteht nur in einer anderen Phase des Lebenszyklus. Das eMobil ist nur ärmer an Schadstoffen vor Ort in der Nutzungsphase. Das hat aber nichts mit dem globalen Klima zu tun.

Im Bericht vom Seefest in Konstanz kam der furchtbare Satz vor "das Feuerwerk ist wegen der Klimadiskussion in Verruf geraten". Das geht gar nicht! Es ist und bleibt unerträglich wie ständig gesundheitsschädlich und klimaschädlich nicht sauber auseinandergehalten wird, sondern wissensschädlich immer wieder in einen Topf geworfen wird. Feinstaub und NOx können gesundheitsschädlich sein, haben aber nicht das Geringste mit dem Klima zu tun. Klimaschädlich sind CO2 und Methan, die sind aber in den jetzigen klimaschädlichen Mengen nicht gesundheitsschädlich.
Wenn man Feuerwerk durch beleuchtete Drohnen ersetzt, dann verringert man vor Ort den Feinstaub, aber schadet dem Klima durch großen Energiebedarf.

Ich erwarte von den Medien, dass immer wieder aufgeklärt wird. Der Diesel ist klimafreundlicher als andere Antriebe, kann aber in Ballungsgebieten gesundheitsschädlich sein. Und beim Feuerwerk geht es in erster Linie um möglicherweise gesundheitsschädlichen Feinstaub, das hat aber eben nichts mit dem Klima zu tun. Wenn man Gesundheitsschutz wegen Klimarettung verlangt, dann wird am falschen Rad gedreht, auch wenn beides erstrebenswert ist.
Solange diese Vermischung von örtlicher Umwelt und globalem Klima in der politischen Diskussion missbraucht und in den Medien weiter verbreitet wird, habe ich keine Hoffnung auf eine Lösung der dargestellten Probleme.

Der Autor ist Naturwissenschaftler, in Hamburg geboren
und aufgewachsen, und lebt in Süddeutschland. Er war
Jahrzehnte in der industriellen Forschung tätig und befasst
sich schon immer viel mit Ökobilanzen und nachhaltigem
Umgang mit der Umwelt.

Links und Kontakt zum Autor:

www.neiiiin.de
www.greatgreen.de

email: martin.orack@greatgreen.de
facebook: martin.orack

interessant:

www.die-sozialliberalen.de

Blog www.oeverthun.com

youtube-Kanal "Peter Dannig"